This is China
这就是中国

常　辉　金淑霞　著

山东文艺出版社

前　言

今天的中国，经济繁荣，国力强盛，人民生活日益富足。任何人，不管其立场如何，价值观怎样，都不能否认这个事实。

中国在20世纪后半期及新世纪以来的发展将是一幅被史家浓墨记录且反复绘制的历史画卷。

新中国70年走到今天，来路艰难曲折，面前气象万千，要绘制好这巨幅画卷，尤其是要在极有限的篇幅内绘制好它，十分不易。因此，我们只能在丰富多彩的景象中剪取个别片段。

片段的剪取也是一件费思量的事。国家发展的状况是否值得称道，终归要看百姓的日常生活。因此，我们剪取了百姓衣食住行方面的进步以及支撑这些进步的主要建设成就。

进步只能在比较中呈现。自然地，我们用了相当篇幅展现近代旧中国的景象。

但是，起笔之处却远在近代之前，这与我们对中国历史和现实的理解有关。历史演进至近代，与之前的一两千年相比，中国绝大部分普通百姓的生产和生活方式并无实质性变化。不仅如此，较之历史上处于发展高峰期的时代，如盛唐和两宋时期，近代中国普通百姓的生活品质甚至还有下降。

世界历史在从中世纪过渡到近代的过程中，普通百姓的生活品质在某些时期较此前恶化，是许多国家经历过的。近代前期在许多欧洲国家就是如此。在中国，人口激增导致的生存资源紧缺、列强的入侵和掠夺、战乱和社会动荡、社会贫富分化加剧、自然灾害和疠疫流行等等，致使普通百姓的生活之悲惨，世所罕见。从古代到近代一路看下来，方能更好地理解新中国70年的发展变化对于普通百姓究竟意味着什么——2020年结束，中国不仅有了一个庞大的中产阶层，而且绝对贫困现象已经成为历史，此目标的达成，实乃中国千年未有之变！

用笔定格这一历史场景，是当代人的责任。

作者
2021年1月

目录

前　言 …… 1

一　水井的记忆 …… 1

二　从「上海弄堂」到「现代生态小区」 …… 49

三　七十个冬与夏 …… 83

四　从破屋烂舍到美丽乡村 …… 107

后　记 …… 145

一

水井的记忆

你问一个年轻人，在他的家里，或在某个公共场所，如果需要饮水或洗漱，水从哪里来，他一定会对你的问题感到十分惊讶和困惑；他会说，太简单了，不就是拧开水龙头吗？他的这个反应是很自然的。今天年轻一代的中国人，对祖辈们以水井为饮用水主要来源的生活方式大多没什么印象；他们更少知道的是，为了能喝上一碗干净安全的饮用水，祖辈们曾经是多么艰难；在1949年之前的旧中国，很多时候，那碗水是记忆中的梦魇！

济南趵突泉内的游客正在排队接直饮水品尝。（视觉中国）

中国古人说，民以食为天。其实，对于维持人的生命，水的重要性要大得多！一个人不吃饭可以生存一周左右，如果不喝水，三天左右就有生命危险了。地球上维持人类生命的淡水资源呈线状或点状两种分布形态，前者如江河、溪流，后者如湖泊、涌泉等。人口密度分布状态显示，在湖泊、涌泉等点状水资源区域，人口分布大致是一个围绕水源的同心圆；在江河等线形水资源区域，人口大致呈现与堤岸平行的线状分布。水源与人口分布的关系，说明水对于人的生存是多么重要。

在没有自来水设施的年代，井水是人们主要的饮用水源。在中国北方的城镇和乡村，与主要街道相连、串联着民居的比较狭窄的街巷被称为胡同。胡同称谓，始于700多年前的元代，在作为当时官方语言的蒙古语中，胡同（Gudum）意指水井。水井是一种点状水源，居民房舍的布局大多围绕水井展开，作为水井的胡同逐渐演化为街巷的称谓，可见水井与民众生活的联系是多么紧密。即使在地表和地下水都非常丰富的中国江南水乡，除了少部分直接饮用地表水，为了汲水的便利及过滤清洁，井水也是饮用水的主要来源。例如湖南省的省会长沙市，它坐落在湘江下游，河网密布，境内大小河流有三百多条，地表水极为丰沛。即使在这样一个城市，《湖南省志》记载，到1934年，市内水井达到3631眼，当时该市人口近40万，大约不到一百人即有水井一眼。通常在城镇的街头巷尾设有公共水井供居民自行取水，经济条件好的人家会自凿水井。地下水位高、水面接近地面的水井，可直接用瓢舀取；深达数米的水井，人们发明了专用的汲水工具，比如较为常见的辘轳。辘轳的主要部件是一根短圆木和支撑它的支架，圆木上绕绳索，绳索一端固定，另一端悬挂水斗，转动圆木可以松开绳索放下水斗，水满后反向转动圆木使绳索重新缠绕到圆木上，就可将水提至地面。

清末山东烟台，院子里男人在编辫子和利用辘轳取水。（视觉中国）

在干旱半干旱的中国北方，在缺乏现代打井机械的年代，人们用简陋的手工工具，往往需要十几个壮劳力共同努力，耗时数月才能打造一口井；在农村，挖井是村民们的一件大事，几乎全村人都会为打井而努力，大伙合力挖掘的水井，成了村民的公共财产。挖井不易，居民们对水井都很珍惜。难怪中国人与水井有着难舍难分的情结。一个人为了谋生而远走他乡，对家乡最刻骨铭心的记忆就是那碗清冽甘甜的井水。唐代大诗人李白的名篇《静夜思》诗句云，"床前明月光，疑是地上霜，举头望山月，低头思故乡"，写的就是站在洒满月光的水井围栏旁边、眺望山月的诗人从心底涓涓流出的思乡之情。一句背井离乡，道尽了中国人数千年的悲欢离合。

不过，中国人记忆中的水井，不都是清爽甘甜的味道。前面提到的湖南省会长沙，有一眼最早见于明代《长沙府志》、有"长沙第一泉"之称的白沙井，六百多年过去了，今天来取水的人依然络绎不绝。但他们当中大概很少有人知道，这甘甜的井水曾经浸泡着的生活是苦涩的，甚至是有血腥味的。这悲苦的生活之水从清朝中期一直流到新中国成立。

清代中后期，随着人口膨胀和商业发展，长沙白沙井"清冽甘芳，无与伦比"的水质吸引着众多新开业的茶馆，市面上出现了一个为茶馆担水的职业。随着从业者日益增多，汲取一担水

民国时期西安城内某汲水井。(视觉中国)

1930年代的挑水工。
（视觉中国）

常常要排数小时的队。挑水工为了挣到钱，不得不常常插队，于是他们与普通住户的冲突每天不断，斗殴有时演变为大规模械斗，血染泉水。到清朝末年，长沙城区的挑水工有六七百人，多时达数千人。不仅白沙井，城内外的水井旁都能看见他们在拥挤着排队汲水，取到水后或肩挑或用板车载木桶拖运沿街叫卖。夏季用水高峰或水荒季节，为了抢到水，挑水工每日半夜就要起床排队，照例是每日因争水而频发打架斗殴，更悲惨的是根本抢不到水。1910年，一位名叫黄贵荪的挑水工因没能卖水换米而全家自杀。

民国时期，长沙白沙井的故事则是悲哀加荒诞。当时常有军阀士兵到白沙井汲水，他们每每闯到白沙井，必强行优先舀水，后来竟然发展到抢挑水工的生计，士兵与挑水工的械斗时有发生，常有人死于枪棒之下。1913年7月8日曾发生过一件极为荒诞的事：抢水的士兵不仅殴打挑水工，还将粪便泼于井内，致使井水臭气扑鼻，长时间无法使用。

同湖南一样，在中国南方各地，在广东、广西、福建、浙江、江西、湖北等各省份，千百年的历史上，到处都有民众为争水而发生大规模械斗的记载。为争夺水源，1839年、1842年和1939年在广东省潮阳县的山门城与金溪村，曾发生过三次大规模械斗，死伤232人。还是在潮阳县，洋汾陈和洋汾林两村为争

市民在长沙市白沙井边打水。(视觉中国)

水源而于1897年发生械斗，纷争持续9年，打死150多人，不仅造成许多村民家破人亡，而且在民间结下世仇，以致互不通婚，亲戚绝交。

江南水乡尚且如此，在干旱半干旱的中国北方，因水而引发的争斗，规模更大、更持久，也更惨烈。在山西省洪洞县广胜寺旁，立着一座名为分水亭的古建筑，旁边立有一座好汉庙，这是为纪念一次争水事件而修建于清朝雍正四年（1726）的庙宇。当地霍山脚下有一眼泉水名为霍泉，当时洪洞、赵城两县民众的饮水和灌溉一直靠此泉。自唐代以来，两县百姓常因使用泉水而争讼、械斗，冲突从唐代历经宋、元、明、清直到民国，一千三百多年间从未停歇，且常有伤亡。两县民众除了斗殴，别无其他联系，世代为仇，以致不相婚嫁。当地有民谣云："霍泉水，向西流，满渠血泪满渠仇，南北二渠结冤仇，千年仇恨不回头。"历朝历代政府也都设法化解矛盾，却难见成效。唐代初年在当地政府主持下实行分水政策，赵城县得十分之七，洪洞县得十分之三，但分水后两地依然械斗不断，当地官员屡有因处置不当而被革职者，问题仍不得解。清代雍正初年，当地政府主持修建分水设施，流经十一根铁柱连成的栅栏的泉水被分为十等份，洪洞三成，赵城七成，栅上有桥，桥上筑凉亭，取名分水亭。但洪洞地势低，水流急，赵城地势高，水流缓，双方争斗仍在持续。直到新中国成立后的1954年，洪洞与赵城两县合并，持续一千三百多年的水争才得以解决。关于分水亭旁的好汉庙，当地民间有传说，好汉庙修建之前，当地官员就争水纠纷提出，在当年农历三月十八水神庙庙会上，通过油锅里捞铜钱的方式解决。表示十股水的十枚铜钱放进油锅，赵城和洪洞两县各派一代表，以捞到的铜钱数决定水的分成。赵城一位勇敢的年轻人伸出手臂从滚烫的油锅里捞出七枚铜钱，洪洞县的代表只捞出了三枚铜钱，霍泉水依然是三七分。两县县民在分水亭旁为油锅捞钱的好汉建庙，以志纪念。不论这一传说是否真有其事，它都反映了当时人们水争的残酷。

分水亭的故事是山西省千百年来水利之争的缩影。交城县与文水县之间围绕水权的争斗也是从唐代就已开始。及至明清和民国，水案几乎遍布山西全省各地，本村之内、邻村之间、同渠异渠、本县邻县，甚至数十村之间，数县之间，纷争迭起，约计大小水案百起以上，"一有不均，或背其所沿之惯例以为利者，则千百成群，相率互斗，罗刀矛，执器械，俨然如临大敌，必死伤相当而后已"。1918年，争夺赵城通利渠的军阀与豪强唆使上下游农民械斗，四百余人惨遭杀害；1922年，临汾、洪洞、赵城三县争水，造成百余人死伤的流血惨案。正所谓"晋省以水渠起衅，诣讼凶殴者案不胜书"。乡民之间，平日里"平生同里间，

山西临汾洪洞广胜下寺,始建于清朝雍正三年(1725)的分水亭。(汇图网)

通婚姻，杯酒言欢"，一旦发生水案，即反目成仇，所谓"初犹一姓，后竟两社构衅，亲友避道而行，不共戴天"。其实，山西省千百年来的残酷水争，也是干旱半干旱的中国北方各省区的历史写照。

比人与人之间的水争更恐怖的是不洁的饮水造成的瘟疫。在1949年之前的旧中国，无论城市还是乡村，饮用水的安全卫生毫无保障。在城市，污水不经任何处理直接排入江河，江河水以及下水道污水、地面垃圾污染的雨水等都渗漏到井水中。夏季暴雨，城市街道污水直入江河，水质浑浊污秽，远近水井常被污染。还是以湖南省会长沙为例，1925年，卫生部门对市内主要水井抽样化验，合格率仅为45.5%；从1931年到1936年的六年中，长沙全市有4819人因水污染导致的传染病死亡；1937年，湘雅医院对长沙市36口主要饮水井进行检测，结果均有粪便污染。

在农村，生活污水、携带人畜粪便的雨水、死亡动物的尸体等常使水井被污染。因此，饮水不洁导致的瘟疫与中国人民如影随形，时时威胁着中华民族的生存。以主要由饮水不洁导致的霍乱和伤寒为例，从民国肇始的1912年到1916年的五年间，能够统计到的数字，霍乱致死的人数在北京为712人、上海2075人、新疆21756人、四川325人、台湾256人；伤寒致死的人数，北京1335人、新疆25839人、山西156963人、四川最为惨烈，仅1916年就死亡218522人。1931年，伤寒在部分地区流行，其中南京死亡484人、上海1428人、天津125人、浙江1153人、福建482人、广东608人、湖北2103人，其后武汉连续六年伤寒流行，共死亡11300人。统计数字如此触目惊心，但仍远不能显示实际的死亡人数。民国初年，中国积贫积弱、交通闭塞、通讯落后，卫生统计工作，无论机构、人员还是手段，都近于空白，加之军阀割据、战乱频仍，没有人知道穷乡僻壤的人们有多少人死于瘟疫。

1911年年初，中国东北地区的人们用担架搬运瘟疫病亡者。（视觉中国）

1910年至1911年,东北鼠疫流行,黑龙江哈尔滨第一疑似病院。(视觉中国)

更加恐怖的1932年来到了!这一年,全中国暴发霍乱,南自香港,北到哈尔滨,东起上海,西到甘肃天水,霍乱侵袭32个省,估计染疫者2000多万人,40多万人死亡。此次大疫,受害最严重的是陕西省的关中和陕北地区,此疫6月19日自潼关一名居民开始,迅速向全省蔓延,祸及57个县,死亡人数达14万之多。其中,在宝鸡县,仅虢镇一地,3个月之内每天死亡四五十人;凤翔县有患者9000余人,死亡6740余人;眉县全县患者总数为2719人,3小时内死亡者1189人;在渭南,8月中旬每天死亡千余人。霍乱流行之初,邻居亲朋好友照旧探望病人,帮死者家人办理丧事等。但疫情来势过于凶猛,死亡率极高,有的染病数小时便死去。棺材早已卖空,只得以草席裹尸,最后连草席也没了,挖坑掩埋了事。死人越来越多,人们怕染病不敢出门,病人无人探视,死者无人埋葬,任其腐烂。如此人间惨剧,难以形诸笔墨。大量死亡加上外流,到1935年,陕西省人口较1924年下降了47.9%,仅为1078873人,降至民国时期最低点。水,本是生命之源,从死神的沟渠流过,汇成了我民族的滔滔眼泪!

这样的人间大悲剧,对今天享受着安全方便的自来水之利的我们来说,是不可想象的。在当时,尽管自来水事业在中国已经有了近半个世纪的发展,但它仅限于个别大城市,主要服务于达官显贵和外国商人。在那个积贫积弱、兵连祸结的年代,广大普通民众连自来水为何物都闻所未闻。

世界上较早的近代自来水厂出现于19世纪50年代初的美国。19世纪末20世纪初,上海、天津、大连、北京等少数大城市，出现了中国最早的自来水厂，后来有所发展，也主要限于开埠较早的沿海地带。1875年，由外国商人征募股金三万两白银，在上海建成了中国最早的水厂——上海杨树浦水厂。该水厂制造饮用水，但不具备管道输水能力。水厂通过沉淀池、过滤池、水泵等设备制出清水，用木船载水售卖给过往船只，或用水车送到用户家中，依路程远近，水价每吨从6先令6便士到13先令不等，如此高价，相当于一个普通工人数日的工资，购买者只能是极少数上层富人。

  1897年，在天津诞生了中国最早的自来水厂，由英商仁记洋行在英租界建造，水厂建成后，逐渐形成日产水量1363立方米的能力。1901年官办的大连自来水厂建成，它以松花江为水源，沉淀池容量是4200立方米，拥有约160公里的输水管道。1908年4月，清政府在北京成立"京师自来水股份有限公司"，筹建京城第一座水厂——东直门水厂，1910年1月工程完工，3月正式投产，供水管线140公里，供水范围"内以禁城为止，外以关厢为限"。十年之后的1920年，北京自来水到家的用户不到2000户，约占当时北京市人口的百分之一；在后来的30年间，到1949年才发展到不足3000户，加上在富人居住区设立的公共供水点，北京全市的供水管线长度只有区区364公里。

其他城市也在尝试建立自来水系统，大多成一纸空文。早在1914年，长沙市就提出了兴建自来水厂的设想，但由于资金、战乱、人才等原因，直到民国结束也没有落到实处。1933年，湖南省建设厅组织技术力量在长沙市区开展地形测量、水质化验、人口密度分析等前期工作，终因缺钱而将工程设计资料束之高阁。1937年有关部门重启工程设计，拟定工程初步计划，由于抗日战争全面爆发，计划再次搁置。战后，湖南省政府于1947年2月成立长沙市自来水股份有限公司筹备委员会，商定与湖南电气公司联合办厂，并聘请曾留学德国的机电专家、该公司经理季炳奎为总工程师，后因季炳奎到异地履新，该水电合办计划搁浅。新中国成立后，1951年1月再次启动复工，当年10月第一期水厂工程竣工，为了喝上一口自来水，长沙市民盼了半个世纪，至此，长沙人的饮水历史翻开了新的一页。南京是民国首都，1929年才开始筹建自来水厂，1933年3月试运行，供水管网很小，供水对象仅限政府机关和官员，首批用户只有29户，而且工艺十分落后，只提供一级净化水，并无净化后的消毒程序。截至新中国成立的1949年，全国只有72个城镇建有自来水厂，供水管道总长6589公里，日产水量约为186万立方米。

上海杨树浦水厂,始建于1881年,是中国最早的地面水厂。(视觉中国)

北京自来水厂旧址。(视觉中国)

有自来水设施的城市不仅数量有限,且分布不均,工艺落后。沿海地区相对集中,西南地区只有昆明、重庆、成都等几个大城市建有水厂。到新中国成立前,自来水在西北地区完全是空白。西安曾于1937年建设自来水厂,终成烂尾工程;兰州在1946年上马自来水厂,因政治腐败,财政拮据,不到一年即告下马。这两个西北重镇的人民喝到自来水,是新中国成立以后的事。民国时期已建成使用的自来水设施中,不仅受益人口极少,且多采用土沉淀池、慢沙滤池等简单工艺。后期逐步采用混凝—池淀—快滤—消毒净水工艺。供水水质卫生标准各地自行其是,并无国家标准。

1949年新中国成立,中国人民饮水的历史也掀开了新的一页。新中国成立后不久,在重新启动民国时期中断的供水工程的同时,开始设计和建设一批新的供水工程,如北京市第二、三、四、五水厂相继建成投产,河南省新乡市供水工程、福建省福州邱洪山桥水厂、江苏省无锡梅园水厂、上海长桥水厂、天津芥园水厂扩建工程、兰州西固一水厂黄河引水工程、河南洛阳和内蒙古包头大型渗渠工程等相继投产,使得越来越多的中国人开始告别依赖了几千年的水井,喝上了安全洁净的自来水。与此同时,中国政府还在全国提倡群众性爱国卫生运动。在1952年的半年时间里,全国改建水井130万眼,清除1500多万吨垃圾,疏通

28万公里渠道，新建改建了490万个厕所。这些措施有力地遏制了涉水性恶性传染病的发生。

中国政府在着力解决饮水安全问题的同时，还采取了其他一些举措：一是制定卫生防疫的法律法规，规定烈性传染病必须在规定时间内向国家卫生部报告，如关于霍乱的规定，一旦有疫情，城市必须在12小时之内、农村必须在24小时之内报告；鉴于当时国家交通通信条件的极端落后，这个要求是极高的。二是在全国各地建立卫生防疫站，到1952年年底已建立各级、各类卫生防疫站147个，各类专科防治所188个，共有卫生防疫人员20504人。三是加强卫生宣传教育，提高民众的卫生防病意识。这些迅速而有力的综合措施的效果是，1820年传入中国的古典霍乱这一历经六次大流行、曾导致无数人死亡的烈性传染病，在新中国成立后，除1952年天津市出现最后一例病人，竟然在中国奇迹般地消失了！

回头看新中国的前30年，中国的自来水事业取得了巨大进步，但这也是一个过渡时期。在城市，对大多数逐渐告别水井的居民来说，这个时期的自来水供给主要采取公共供水的方式，它解决了饮水洁净安全的问题，但没有解决饮水方便的问题，也就是说，大多没有实现自来水入户；在农村，虽然打井的方式逐渐淘汰了手工工具，用上了机械和电力，但水井仍然是主要的饮用水来源。

城市自来水进入居民家，需要大规模的水厂建设、长距离大面积地下供水管网的敷设，以及相应的整个城市道路和居民住宅的改造等，这需要经济的长足发展和充足的财力做保障。在新中国的前30年，还不具备这些条件。在那个百废待兴的时期，中国各级政府为改善居民用水做出了巨大的努力。新中国刚成立，北京市政府就在崇文区龙须沟、金鱼池等贫民区设立了4个公共水站，开启了北京自来水向大众普及的大幕，短短十几年，到60年代中期，公共水站达2677处，自来水普及率达到99.86%。在上海，新中国成立时有公共水站355座，到60年代中期，达到3903座，十几年增加了十多倍！这个数字在1979年达到高峰，全市给水站达到4490座。在中国其他大小城市，也经历大致相同的发展过程。现在年龄在50岁以上的人，儿时的城市记忆里，不少地方矗立着10米左右高度不等的水塔，其作用是贮存水厂的供水或抽取的地下水，利用高度形成的压差将水输往供水点。

供水点通常设在城市的街头巷尾、居民大院、企业事业单位的大院内，设有专人管理，居民接水时须向管理人员交付事先购买的水票。每日有几个固定时段供水，在供水时间排队接水，是当时中国城市街头的一景。为了随时有水可用，每个家庭都备有储水的水缸、担水的水桶和扁担。民宅离供水点或近或远，远的可能在数百米之外,远距离担水是相当吃力的。冬季取水更麻烦,特别是在滴水成冰的北方,公共水龙头设在室外,为了防止水管冻裂,需要用稻草绳、棉絮等给水管裹上冬装。但自来水管被冻住的事经常发生,这就需要用滚烫的开水化冻再用;若水管冻裂需要维修,居民只好长时间等待。

1952年,江苏省南京市,居民到街道办的供水站买自来水。(视觉中国)

1980年,在水井旁等待打水回家的北京一家人。(视觉中国)

1978年,中国政府实行改革开放政策,中国经济和各项事业取得了令人目不暇接的发展,饮用水供水事业随之腾飞,居民的取水方式实现了从前在梦中才有的景象——自来水进家了。在北京,到1984年,三环路以内公共水站全部进入居民院内,居民足不出院即可取水;到20世纪末,自来水管道伸进了每户家庭的厨房和卫生间。在上海,1999年6月,位于卢湾区丽园路713弄内的最后一座公共给水站被拆除,宣告自来水进入了大上海的每个家庭。同北京上海一样,在改革开放的第一个20年间,自来水流进了全国各城镇每户居民的家中,这道甜甜的清流,从最初在天津和大连的水厂打开自来水阀门开始,整整跋涉了一个世纪。

1981年,上海杨浦区八埭头附近弄堂的居民到弄堂口的给水站取自来水。(视觉中国)

成都市自来水六厂徐堰河取水站。（视觉中国）

  自来水能够入户，依托的是每个城镇地面之下密如蛛网的管道系统。在北京，21世纪以来，供水管网平均每年增长300多公里，供水范围也发展到五环路以外。到2010年，北京全市供水管线总长24147公里，是新中国成立之初北京市供水管线总长度的67倍，也是旧中国全国自来水供水管线总长度的3.7倍！

在上海，截至2016年，供水面积从1949年的137平方公里扩大到上海全境6600平方公里，城市供水管网总长度从解放初期的841公里增加到3.5万公里，增加了40多倍。中国国家统计局数据显示，到2010年全国城镇供水管道长度达102.88万公里，是旧中国全部自来水供水管线的155倍！

在大力发展城镇供水事业的同时，中国政府高度重视农村居民饮水条件的改善。从20世纪90年代开始，解决农村饮水困难的工程措施正式纳入国家重大规划，中国政府先后实施了《2005—2006年农村饮水安全应急工程规划》《全国农村饮水安全工程"十一五"规划》和《全国农村饮水安全工程"十二五"规划》等重大决策，这些决策统称为农村饮水安全工程。工程不仅对水质和水量提出了明确要求，而且对取水便利做出了详细规定：在平原区和浅山区，集中供水全部入户；山区、牧区等不具备入户条件的，由集中供水点供水，人工取水往返时间不超过10分钟。2005年实施农村饮水安全工程建设，到2010年，共解决了5.59亿农村居民的饮水安全问题。2016年年底，中国农村集中供水率达到84%，自来水普及率达到79%。到2019年年底，全国农村集中供水率达到86%，自来水普及率达到82%。而事实上，在有些历史上一直存在饮水困难的省区，这个目标早已实现。在曾经发生千年水争的山西省，通过实施农村饮水安全工程，截至2018年11月，已建成农村饮水工程3.3万处，农村自来水普及率达92%，集中供水率达95%，共有2418万农村人口从中受益。在曾经因霍乱疫情肆虐造成数万人死亡的陕西省，仅2017和2018年两年间就投入巨资58亿元人民币实施农村饮水安全工程，解决和改善了841.65万人的饮水安全问题，全省农村集中供水率和自来水普及率分别达到95.3%和93.2%。

农村居民饮水条件改善的步伐由于饮水安全工程而普遍加快，那些极旱地区的人们能跟上来吗？是的，他们不仅没有被落下，而且走在了前面。在中国西北有个省区叫作宁夏回族自治区，在其南部有一个叫作西海固的地方，名称里带着一个"海"字，但它却是黄土高原上的一片十年九旱的荒漠地带，极度缺水，年蒸发量高达2000毫米，而降水量却只有蒸发量的十分之一，是中国最干旱的地区之一。提到西海固，人们会想到曾任清朝陕甘总督的左宗棠形容此地的"苦瘠甲天下"五个字。40多年前，家家户户挖有储水的水窖，夏天集雨，冬天存雪或冰块，水窖的存水是村民的主要淡水来源。因为争抢雨雪和冰块，在打斗中受伤甚至致死的事时有发生。老年人回忆说："那个水苦，牲口喝上都摇头，更别说人了；洗锅水舍不得倒掉，存起来，第二天继续用；舍不得用水，用过的饭碗用抹布直接擦拭就算洗过了。"水窖干了，常常要走几十里甚至上百里山路找水吃。偶尔碰上下雨,人们不是躲雨,而是"趁雨",方言的意思是任由雨水淋湿衣服,雨后回家脱去衣服把身体擦干,就算洗过澡了。极旱的季节,有时可见渴极了的麻雀啄吸拖拉机旁边柴油桶的柴油。1973年大旱,同心县平均亩产粮食4.1公斤,海原县平均亩产5.2公斤。1972年,联合国粮食开发署把西海固地区确定为"最不适宜人类生存的地区之一"。

苦当地人民的用水之苦,中央和当地各级政府决心通过建设引黄河水上高原的大型工程来帮助人民脱困。从1973年到2003年,历时30年的艰苦努力,政府投资建成了同心扬水工程、固海扬水工程、固海扩灌扬水工程三个大型扬水设施,通过29座共8级泵站、460多米高的扬程、总长464公里的渠道、1443座水工建筑物,每年将4.5亿立方米的黄河水牵引上高原。生命之水奔涌着流进固海灌区,浇灌着三个市、六个县区的170余万亩土地,滋润着灌区及周边山区60多万人民。现在,如果走进灌区,你看到的是粮丰林茂、牛羊成群;如果走进灌区的一个农家,你看到的可能是洁净的室内摆着冰箱、彩电、音响、电脑和饮水机等现代家用电器。2019年5月,有记者走进了原州区、海原县和同心县各两个村庄,看到的是家家户户都通上了自来水。海原县李旺镇杨山村80多岁的村民杨具山告诉记者:"现在,水龙头一拧,哗哗直流,不敢想象,我这辈子竟然能吃上干净的自来水。"

固海扬水工程的"龙头"泉眼山泵站,汹涌的黄河水进入闸口,顺着巨大的管道,被输送到宁夏最为干旱的区域。(视觉中国)

清亮的渠水不仅带来饮水安全，还有经济和社会的发展。2018年，固海扬黄灌区农林牧总收入30.6亿元，人均收入6147.93元，是1980年的201倍。许多人外出经商、务工，走上脱贫致富之路；校园里飘荡着孩子们琅琅的读书声，灌区学龄儿童的入学率达到100%。爷爷奶奶对四十多年前的回忆，在孩子们听来像是遥远的传说。宁夏西海固的巨变是改革开放40年的中国故事中最动人的篇章之一！

在推动农村饮水安全工程的过程中，中国政府特别关注那些因自然条件而导致的涉水性疾病流行的区域。现在，血吸虫疫区、砷病区、涉水重病区等区域的饮水安全问题全部得到解决；中度和重度氟病区的饮水安全问题基本得到解决。至于那些涉水性的瘟疫，如曾经夺去千百万人生命的霍乱、伤寒等烈性疾病，则完全销声匿迹了。不仅如此，洁净安全饮用水的集中供给和入户到家，也带来了生活的便利和安心，大幅提升了农村居民的生活品质。自来水到户的地方，近一半农户购置了洗衣机、太阳能热水器等家用电器，以冲水式厕所代替了旱厕。

农村居民也日益享受到现代文明社会的生活条件。在2000年联合国千年首脑会议上通过的《联合国千年目标宣言》中，世界191个成员国签字承诺："到2015年将无法持续获得安全饮用水和基本卫生设施的人口比例减半。"2015年7月30日联合国儿

2009年9月,海南海口的边远山村有了深井自来水,老百姓笑逐颜开。(视觉中国)

童基金会与世界卫生组织在纽约发布的《2015年饮用水及卫生设施状况和千年发展目标评估》报告确认,中国实现了承诺。在中国,饮用水问题得到改善的人口达95％,良好的卫生设施的受惠人口达87％。事实上,随着农村饮水安全工程的实施,中国承诺的目标在2009年就已经实现,比联合国规定的时限提前了六年!

中国人均水资源占有量不足世界人均水平的三分之一,属全球人均水资源最贫乏的国家之列。在这样一个国家进行长时期大规模集中供水,当地水源特别是优质水源的短缺是最大的难题。着眼中华民族生存和发展的百年、千年大计,1949年以来,特别是改革开放以来,中国政府规划修建了数十座大型远距离调水工程。如为解香港缺水之困,1963年开工、1965年1月竣工、全长83公里的东江—深圳供水工程;始建于20世纪60年代、总长404公里、惠及50个县4000多万人口的江苏省江水北调工程;20世纪80年代将河北省滦河引入天津市的长达234公里的引滦入津工程;1989年建成的引黄河水到青岛的全长291公里的引黄济青工程;20世纪90年代建设的引黄河水跋涉362公里进入河北省白洋淀的引黄入冀工程;本世纪初建成的引黄河水向山西省太原、大同和朔州三地区供水的引黄入晋工程,工程长达449.8公里,使山西省水资源短缺的问题得到根本解决。

西北最大规模的引大入秦工程中全长565米的倒虹吸工程。（中新社）

丹江口水库。(视觉中国)

南水北调中线工程陶岔渠首,丹江口水库的清水通过干渠犹如一条天河向北方流去。(视觉中国)

南水北调洪泽站。(视觉中国)

在新中国建成的跨流域调水巨大工程中,把甘肃、青海两省交界处的大通河水引入甘肃秦王川盆地的引大入秦工程必将载入史册。早在清光绪三十四年(1908),清政府就曾委派官员规划引水入秦王川,终因工程过于艰巨而作罢。民国政府于1940年、1941年和1945年曾三次勘测秦王川的引水工程,由于水源、地形、技术、费用等原因,计划最终落空。在新中国的改革开放时代,当地人民圆了自己的百年梦想:这一施工之难难于上青天的工程于1976年开工,2015年竣工,历时39年,滚滚清流穿越崇山峻岭,贯通77座总长度达110公里的隧道,流过868公里的渠道,沿途的兰州、白银、景泰、皋兰、永登、天祝等地200多万民众的用水难题成为历史。

上述调水工程已经堪称气势恢宏了,但在中国辽阔的疆域上,它们还只是区域性的作品,举世闻名的南水北调工程才是史诗级的巨著,这部尚未完成的巨著到今天已经整整写了100年。早在1919年,民国国父孙中山先生在其《建国方略》中就提出了将长江水调往黄河流域的"引江洪济河旱"的设想。1952年10月30日,中华人民共和国开国领袖毛泽东视察黄河时提出:"南方水多,北方水少,如有可能,借点水来也是可以的。"此后,经过数十年的调查、勘测、研究、论证,在分析比较50多种方案的基础上,形成了分别从长江上、中、下游调水,西、中、东三条输水路线的方案，工期计划50年。1991年4月，中国最高立法机关——全国人民代表大会将"南水北调"列入"八五"计划和十年规划。工程规划区涉及人口4.38亿，年调水规模448亿立方米。三条输水路线总长度达4350公里。东线工程南起长江下游的扬州，北到天津，输水主干线长约1156公里，供水范围涉及江苏、安徽、山东、河北、天津五省市，人口一个多亿；另一路向东经新辟的胶东地区输水干线接引黄济青渠道，向胶东地区供水。中线工程南起汉江中上游丹江口水库，途经河南、河北、天津，终到北京，全长1432公里的人工大运河为15.5万平方公里土地上的20多座大中城市提供生活和生产用水。2002年12月27日，东线工程开工，历时11年，2013年8月15日东线一期工程实现全线通水。2003年12月31日，中线工程开工，11年后，2014年12月12日下午，长江水到达北京。西线工程仍在规划中，按照规划，全部工程将在21世纪中叶完成。

在四川省成都平原西部的岷江上，坐落着一处世界上迄今为止年代最久、唯一留存、仍在运行的宏大水利工程——都江堰工程，它由蜀郡太守李冰于秦昭王末年（前256～前251）主持修建，2200多年来一直在呵护着成都平原，至今灌区已达30余县市、面积近千万亩。工程竣工约150年后，西汉时期伟大的史学家司马迁在其不朽著作《史记·河渠书》中记载了这一工程：

"蜀守冰凿离碓,辟沫水之害,穿二江成都之中。此渠皆可行舟,有余则用溉浸,百姓飨其利。至于所过,往往引其水益用溉田畴之渠,以万亿计,然莫足数也。"2200多年后,李冰的子孙们将地球上数千万年形成的长江黄河两大水系的流向按人的意志重新做了安排,不知未来的史家将怎样记载和评价这一

四川成都都江堰。把岷江水分为内江外江的"鱼嘴"是都江堰三大主体工程之一。(视觉中国)

壮举。"伟大"二字不足以状其雄阔。一个发生在当代的地理事件？或者，发生在第四纪全新世的一个地质事件？不管使用怎样的评价词汇，这个有能力建造都江堰的民族，也能够在人类水利史上再预约另一个两千年。

　　1973年，浙江余姚河姆渡村村民在修建水利工程时，发现了一处新石器时代遗址，考古挖掘后成为闻名世界的河姆渡遗址。遗址中有一口木质结构、井口呈方形、边长2米、深度

都江堰宝瓶口风光。（视觉中国）

河姆渡遗址中的人工水井。(汇图网)

1.35米的水井,距今已有7000年的历史,这可能是最早的人工水井了。水井,这一陪伴着我们民族生活了这么久的老物件已经从我们的生活里消失了,我们将只能在考古遗址中、在名胜古迹中、在古代诗人的诗篇中、在我们的回忆中见到它们。不过,这没有什么好惆怅的。当代中国人将按照"看得见山,望得见水,留得住乡愁"的理念建设自己的家乡。只要青山绿水在,家乡的那碗水就永远是甘甜的。

二 从"上海弄堂"到"现代生态小区"

2018年，在上海工作多年的甘肃青年小李在上海郊区购买到一套住房。近200万元的商业贷款对于小李来说是个天文数字，但小李得到了父母的大力资助。在中国，年轻人购买住房，通常会得到父母的资金支持，当然，这说明父母有着不错的收入，有这个经济实力。小李的母亲曾多次跟他讲过搬家的经历。"1974年去乡政府参加工作，住的是乡政府提供的土墙房，夏天酷热难耐，冬天冷如冰窖，条件别提有多艰苦了。""1984年到1994年的十年间，先是住进了40平方米的楼房，后来住进70多平的两室一厅的房子。房子的租金极低，只是象征性的。"进入21世纪，得益于经济高速发展和政府的各项政策支持，小李家的房子越来越大，设施也越来越齐全。

小李的经历和感受是中国广大70后、80后甚至90后青年的共同经历和感受。新中国成立70年来，特别是改革开放40年来，百姓生活的变化使人有恍如隔世之感，中国告别了缺衣少食、物资匮乏的年代，人们的居住空间和生活方式得到了巨大改善，百姓安居的梦想之光正在照进现实。

新中国成立之初，人民的居住条件远不是今天这个样子。在新中国成立前的旧中国，国民党政府从来没有关心过城市居民的住房。新政府十分重视改善人民的居住条件，但长年的战乱给新中国留下一个烂摊子，国家百废待兴，政府的财政状况很困难，1950年爆发的朝鲜战争以及随后的中国人民志愿军参战，进一步加剧了国家的财政紧张，使得新政府的努力不可能在短时间内奏效，人民的居住条件在较长一个时期内难以改观。人口多、住房面积小、三代甚至四代同居一室是当时中国住房条件的真实写照。身居中国目前最繁华的现代化大都市上海的85后青年小李，完全无法想象七十年前的上海住房之紧张。1949年，上海的人均居住面积3.9平方米，大约一张床的大小。连排的小房子构成一条条巷子，上海人称其为弄堂。有统计说解放前夕的老上海曾经有3840条弄堂，后来随着拆迁，数量不断减少。许多老弄堂狭窄得只能一人行走，人们戏称"一线天"，宽一点的弄堂作为公共过道，也是弄堂居民的集体厨房和储藏室，几乎条条弄堂里都摆放着做饭的煤球炉和自行车。刷牙洗脸都在家门口的公共水池，依靠着痰盂和马桶解决如厕问题。弄堂里的人家多是阁楼一家，楼下另一家，楼下留出小半间作为公用面积。由于面积太小，人又多，晚上睡觉时，床上、床底，乃至桌子底下都可能睡着人，一家十几口人拥挤在一间房子里，睡觉只用一条布帘子隔开，家里人口多实在挤不下的，只能等邻居入睡后在走道里搭铺。曾经居住在上海弄堂里的人家说起当年的窘迫状况，几乎家家都有这样一段辛酸史。

更艰困的是产业工人聚集区。上海是中国工商业的中心，是产业工人较为集中的城市。新中国成立之初,市内有工人集中居住区160余处,多为胡乱搭建的棚户区,到处都是露天臭水沟,到了夏天臭气熏人,满眼是苍蝇蚊虫。面积仅2平方公里的普陀区药水弄就拥挤着工人及其家属达一万多人,街巷到处堆积垃圾,卫生条件恶劣,疫疠流行。

上海,隆昌公寓楼道外的晾衣竿上挂满晾晒的衣服和被褥。(视觉中国)

上海"穷街"光复里。

光复里忙碌的人们。

上海,被称作"一线天"的弄堂,两人"狭路相逢"只得贴墙而过。

上海"棚户区"完成华丽转身,成为远近闻名的"中远两湾城"。(视觉中国)

上海工人恶劣的居住状况不是个别现象。解放初，有北京工人给中国最有影响力的报纸《人民日报》写信，反映工人的住房困难："中国煤业建筑器材公司北京分公司各货场工作环境恶劣，职工宿舍条件很差，职工得不到充分休息；北京煤建分公司西直门木材厂工人的宿舍问题更为严重，大部分人都是住在破席窝里，出入要低头弯腰；在一个国民党军遗留下来的小碉堡里就挤了9个人。"《人民日报》派记者到来信中提到的企业进行了调查，发现实际情况比工人来信所说的还要差："因为工人的劳动条件和住宿条件十分恶劣，害病的工人日有增加。住在永定门外江苏义园宿舍的472名工人，据4月底至6月初的统计，害病的达103人，每日因病不能干活的有二三十人。在工人医院外科就诊的负伤工人，4月下旬每日平均27人，5月下旬已增加到39人。"

1950年年初，中央人民政府有关部门在天津对北洋纱厂、中国纺织建设公司几个分厂的工人居住条件进行了调查，发现职工的居住环境普遍很差："北洋纱厂女工，七至十二人共一室，室窄小，双层床位，有的光线很差。各厂工人宿舍室内空气都很不好，多数没痰盂；二厂虽有，但数日不倒。宿舍中卫生以工属宿舍为最差，室内多数装有无烟筒的火炉，又不习惯开窗，中纺二厂工会主席杨树明的母亲即几被煤烟熏死。"

1948年12月,山东省青岛市,贫苦市民居住的茅草屋。(视觉中国)

1952年4月,中国纺织工会调查了沈阳麻袋厂和砂土矿公司职工的居住状况,调查人员在报告中写道:"该厂工人劳动条件和生活条件非常恶劣,严重地影响了生产和工人的身体健康。职工住的宿舍,又挤又脏。家属宿舍有的一间房子住五六家。屋内有吊铺,分两层住。有的家根本照不到阳光。在上面住的,吃米、烧柴都得往上拿;楼梯很陡,常出危险。这样多的人家挤在一起，一家小孩哭了，就影响大家睡觉。第二宿舍200多户只有一个女厕所，妇女上厕所还得排队。院子里的脏水井也坏了。独身宿舍是大木板炕，每间房住10多人，两个草垫子上要睡3个人。第四宿舍200多人，没有厕所，只有便坑，大小便到处都有。宿舍里也没有痰盂。此外，280多个有家属的老工人还没有宿舍。沈阳市政府企业局所属砂土矿公司工人宿舍是用帆布搭成的临时帐篷，工人睡在用石头铺成的、离地三寸多高的石堆上。有的工人铺着草垫子，有的工人只上半身铺着草垫子。"

上述城市的居民住房状况在旧中国其他城市也到处可见。中华全国总工会曾于1951年向中央人民政府报告了对西安、抚顺、重庆、扬州等城市的煤矿、纺织、冶金、电力、化学等产业的55家企业的调查，许多工人因没有房子而睡在车站票房、机器房、澡堂、破车厢等处，甚至露宿街头；有的工人虽有房住，但是阴暗潮湿，十分拥挤，甚至已婚的和未婚的兄弟姐妹同住。企业所在的城市难以租到住房，迫使工人到很远的郊区居住，许多人上下班要往返五六十里地，加之交通不便，天不亮出门，天黑才回家，一天之中的多半时间消耗在路上。要解决这些地区的工人起码的居住需求，需要新增775万平方米住房。

为尽可能快地改善普通劳动者的居住条件，中国从中央到地方各级政府尽最大可能压缩其他开支，从有限的财力中筹措资金。住房建设工程分两个部分展开,一是改造已有的居民区,一是兴建"工人新村"居民区。

1952年年初,上海市政府专门组建了工人住宅修建委员会,决定对70处、总面积500多万平方米的工人住宅区进行整修改造,修整内容包括埋设沟管和窨井,修筑道路和添置路灯,修建公共厕所,敷设垃圾箱,装设给水站等,这一巨大的计划使得30万人的居住条件得以改善。

"工人新村"的兴建也同时展开。1952年年初上海市在西郊曹杨路附近兴建了占地达200亩、可供1002户工人家庭居住的小区,新落成的住宅区取名"曹杨新村"。小区内除了住宅,还建有幼儿园、百货商店、粮油蔬菜食品店、卫生诊疗所、热水供应点、公共浴室、公共厕所等公共设施。小区街道用煤渣或石子进行了简易的硬化处理,路边有街灯,路旁栽植花草树木。中国的产业工人第一次住上了理想中的"社会主义工人新村"。

在"曹杨新村"示范工程的基础上,1952年8月工人住宅建筑一期工程全面动工,分布在全市各区的工程,总计达21000户住宅,住宅区内建有诊疗所、邮亭、商店、储蓄所、幼儿园、小学等公共设施,上海市的普通居民还从未有过条件如此优越的住宅区。特别值得称道的是,小区的设计体现了对少年儿童的关怀,在每排住宅之间专门辟有空地作为儿童游戏场所,小学的布局使孩童徒步上学不超过10分钟即可到校。

在北京,从新政府成立的第一天起,就把改善居民住房条件作为政府的重要事项。从1949年到1951年,政府建筑了37万多平方米、总计24700多间公租房。为了加快解决企业职工宿舍问题,北京市专门成立了建筑委员会,于1952年春动工修建了1.5万间公租房,许多单位的居民职工住房条件得到了改善。

在天津,政府决定1952年春开工,建筑5万间工人宿舍,并计划在3至5年内解决市内工人的居住问题。工人新村的兴建还充分听取工人群众的意见,设计出多种房型图案并造出样板间供各厂工人和家属参观,在广大工人的参与下确定了工人满意的房型和工程标准。

1949年之前,中国的重工业大多集中在东北地区,煤的产量曾占全国的49%,生铁占87%左右,钢材占93%,电力占78%,铁路里程占全国铁路里程总长的47.5%,公路里程占全国的17%。因此,东北地区集中了当时中国最大的产业工人群体。为了尽快解除旧中国给工人群众带来的住房艰困,1950年年初,东北人民政府计划拨出巨款为职工建筑173万平方米新住宅,当年的10月份就完成了100多万平方米的建筑,9万多名单身工人和2.8万户工人家庭住进了新房,其余70多万平方米的新建宿舍在1951年完成。

在东北地区工人新村的建设中,沈阳市规划和建设了数个堪称当时人们理想中的模范社会主义居民区。1952年沈阳市政府开始大规模兴建工人新村,第一期工程占地73万平方米,每个居民区分为家庭住宅、单身宿舍、行政中心区、公园区等四部分,住宅全是三层楼房,电、暖、煤气、上下水道、壁橱、储物间等设施齐备,幼儿园、中小学校、职工食堂、浴室、商店、诊所、电影院、图书馆、舞厅、运动场、游泳池、消防站等配套的福利和文化设施一应俱全。

到1952年年底,新中国成立刚刚三年多,国家用于住宅建设的投资已达13.23亿元人民币(1978年不变价格),新建宿舍21.755万间,新增住宅面积1462万平方米,为100多万居无定所的人提供了新住宅,普通工人的居住条件得到了一定程度的改善。

新政府做出了最大努力,但从全国情况看,普通职工的住房状况并没有明显好转。造成这种情况的一个重要原因是,工业生产恢复与发展的速度太快,职工住宅的修建赶不上工业发展和城市扩张的速度。1949年至1957年,工业经济在中国国民经济中的比重大幅度上升。1949年全国工农业总产值466.1亿元,其中工业产值140.2亿元,约占30%;1957年全国工农业总产值1387.4亿元,其中工业产值783.9亿元,占56.5%,工业产值增加了4.6倍。

　　工业的发展导致了城市数量的增长。1949年全国设市城市为136个，1952年发展到160个，到1957年已有176个，8年间城市总数增加了40个，平均每年增加5个。

　　城市数量增长的同时，还有城市规模的扩张。经过长期战乱造成的经济破坏之后，从1950至1952年的三年，在中国现代史上被称为"三年经济恢复时期"，在这个时期结束的1952年年底，中国的城镇人口由1949年的5765万人增加到7163万人。从1953年到1957年，是中国实行第一个五年计划时期，在此期间，苏联向中国提供了156项重大基础工程项目援助，这些项目极大地加快了中国的工业化进程，造成了巨大的劳动力需求，因此在这一时期大量农民进入城市和工厂矿区就业，迅速促进了城市规模的扩大。到1957年年底，全国城镇人口达9949万，比1952年增加2786万人；城市化水平由1949年的10.6%增加到1952年的12.46%，再增加到1957年的15.39%，平均每年增长近0.6个百分点。

　　城市化的加快，尤其是在重工业城市，恶化了本来就很严重的住房问题。在这方面，1951年12月28日《人民日报》关于山西省太原市的报道，很能说明问题。文章说：太原是正在扩大的工业城市，1949年全市人口是24万，仅仅两年就增加到50万以上。工人生活中的吃穿两项有了显著改善,但住宿状况仍十分恶劣。太原各企业原有和新修的宿舍只解决了各自工人住宿需要的20%~30%左右,其余绝大多数工人依靠租赁民房住宿。民房的质量很差,而且数量十分缺乏。太原大小北门外城关一带的重工业工人居住区,房子大半是破烂不堪的小土屋,"屋外下大雨,屋里下小雨;屋外停了雨,屋里还下雨",因而经常发生坍塌事故;有些勉强维持,也时有坍塌危险。例如有26年工龄的某厂老钳工和铣工张润耀住的房子,就是用几根木头勉强撑着的。在雨季,如果下雨,许多工人不能安心生产,他们顾虑家里漏雨,打湿被了,有些怕房子倒塌砸伤老婆孩子。然而更大的问题是,即便是这样的坏房子,还非常缺乏。

新中国成立后的高人口增长率是住宅问题突出的另一大原因。在战乱频繁、社会动荡、经济凋敝、疠疫横行的旧中国,人口发展呈高出生、高死亡、低增长的特征。1949年,全国人口出生率为36‰,死亡率为20‰,自然增长率为16‰,年底全国总人口5.42亿。新中国成立后,社会安定,经济发展,人民生活水平提高以及医疗卫生条件不断改善,人口发展呈现出生率高、死亡率大幅降低的局面,到1957年,死亡率下降到10.8‰,自然增长率上升为23.2‰,总人口达到6.47亿。1949年到1957年间,人口净增1.05亿。从1962年到1970年间,人口出生率最高达到43.6‰，死亡率在10‰以下，1970年降到7.6‰。这一阶段的人口年平均自然增长率为27.5‰，1970年年底的人口达8.52亿，八年间净增1.57亿。1971年到1980年，全国总人口由8.52亿增加到9.87亿。1981年到1990年的十年间人口净

安徽淮南市大通区居仁村是新中国修建较早、规模较大的工人新村，该村的房屋全部是20世纪50年代初建造的简易平房。（人民图片）

增1.43亿，1990年总人口达到11.43亿，是1949年的两倍多，41年间，人口净增6.01亿！

从1949年到1970年代末，全国城镇住宅面积约40亿平方米，其中新增住宅建筑面积约4.93亿平方米，较1949年前增长超过10%，但在人口翻倍和快速城镇化的压力下，住房的供给远远落后于住房需求。

计划经济时期的住宅建设投资体制和住房制度进一步加剧了住宅问题。从新中国成立到20世纪70年代，国家把主要资源投入重工业和国防建设，直接生活消费品的生产没有得到足够的重视，在基本建设的投资中用于民宅建设的比例较低。例如，1970年，住房投资仅占基本建设投资总额的2.6%。住房建设投资的主体仅限于政府或职工所供职的企业和事业单位，而这些企业和事业单位投资建设的住宅仅限于供给本单位职工。在住房制度上，采取的是租金很低的福利房供给制度，绝大部分城镇居民的住房靠的是租赁政府房屋管理部门的房屋或租赁所供职的企业和事业单位的房屋。当时的中国没有商品房市场，没有与商品房市场相应的借贷市场，职工个人的低工资收入也使其不可能以任何方式购买不动产。计划经济体制下狭窄单一的投资渠道和福利化的住房政策，致使广大居民改善住房的需求在改革开放前的几十年里得不到满足。

68

　　1979年5月21日，日本《读卖新闻》记者清水嘉健发表了一篇关于中国住宅状况的调查，该调查客观呈现了中国"实现四个现代化"起步阶段的住宅问题。在清水嘉健眼中，1979年的中国在加紧建设国家的同时，也尽力兴建住宅——提高人民生

在广州岗顶，从楼高处向西南望，石牌村尽收眼底，村内房屋楼顶不乏自建棚户，而更远处的花城广场也拔地而起。（视觉中国）

活水平的基础。北京和上海等大城市都在郊区接连不断地建设大住宅区，但由于人口过于庞大，住宅还是供不应求。清水嘉健写道："中国原则上承认个人拥有住宅"，"但是，有私人房产的人极少，没有房子的城市工人向自己所在工厂和团体提出申请，等待分配"。日本记者清水嘉健含有"善意的批评，中肯的建议"的调查报告被收入新华出版社出版的《中国见闻》一书。然而，长期积累的经济和社会问题很难在短时期内得到解决；同时，问题的解决途径还需要一个探索的过程，中国在实行改革开放政策后，这一探索过程又持续了十几年。在清水嘉健发表他的调查报告后的十几年间，当时中国城市人均住房面积不足4平方米，接近一半的城市人口住房极为紧张，人口多、住房面积小、三代甚至四代同居一室的情形也不鲜见。

走进当时中国城市的居民区，你看到的主要是两种住房布局：大杂院和筒子楼。

中国北方民居的典型布局是四合院。因为住房紧张，一个四合院里往往住着多户家庭。为了尽量多一点居住空间，四合院的居民常常在院子里紧挨自家房屋处私搭乱建一些简陋的附属房间，整个院子看上去杂乱拥挤，故称大杂院。通常在大杂院的某个角落处建有简易的旱厕，卫生条件极差，院里的全体住户共用，极为不便。

筒子楼是那个时代中国城镇楼房中最具代表性的住房样式。"筒子楼"通常不高,一般有三至四层,高一点的五到六层,每层中间有一条长走廊串联着两侧许多个单间,长长的走廊两端通风,状如筒子,故得此名。筒子楼面积狭小,多数情况下是每户一个房间,每个房间大约有十几平方米的面积。筒子楼每层走廊

20世纪80年代至21世纪初,北京前门地区百姓胡同生活场景。(视觉中国)

2002年,河南洛阳筒子楼里的住户在走廊里做饭。(视觉中国)

筒子楼里每层的公用水房是住户们洗衣、淘米、洗菜的地方,有时大人到水房里干家务活时,也把小孩带到身边玩耍。(视觉中国)

的尽头通常是洗漱间和公共厕所，一整层的住户每日的取水、洗漱、洗菜、淘米、洗衣、大小便等需要用水和保洁的日常生活都是在这里完成的。

筒子楼里的生活通常是从早晨排队洗漱和上厕所开始的。整层楼几十号人共用一个厕所，长时间排队的窘境可想而知。

筒子楼的楼道总是拥挤不堪，而且每个住户都在家门口摆放简易的蜂窝煤炉灶，一到做饭时间楼道里就油花飞溅，烟气弥漫。长年的烟熏火燎，加之老旧楼房本来就光线暗淡，如果不开灯，即使在白天，走廊也如同黑夜。筒子楼的生活场景是许多那个年代过来人的集体记忆。

直到80年代初，中国城市居民的住房依然主要靠所供职的单位分配公有住房。靠这种方式，往往几年甚至十几年也难以遇到分房的机会。

随着20世纪70年代末中国改革开放的大幕拉开，住房制度改革也迈出了最初的步伐，住宅建设由国家计划控制的福利分房制度开始向住房商品化制度过渡，全国多个城市开始探索住房制度改革。1980年，第一家房地产公司——深圳房地产公司成立；1985年，中国的银行开始了住房按揭贷款业务；还是在深圳，1987年以公开拍卖的方式完成了新中国成立以来第一宗国有土地使用权的交易……

20世纪80年代中期,中央人民政府成立了住房制度改革领导小组,逐步出台了新的住房政策,城市居民的住房来源逐渐由单位福利分房转向从单位或市场上购买或租赁房屋。在新政策的刺激下,许多城市居民的住房条件得到了改善。在整个80年代,上海市的住宅竣工面积总计4000多万平方米,上海市人均居住面积已经超过6平方米。在新兴城市深圳,出现了一批新建的楼房居民小区,每家每户都配置厕所、卫生间、客厅,设施相对完备,独门独户自成体系,住户除了出入自己的单元,无须和别人共用空间,居住条件上升了一个大台阶,"筒子楼"逐渐退出人们的视线。但不得不说,20世纪80年代中国的居民小区建设刚刚起步,除了小卖部、小食品店、理发店等最基本的生活服务,其他服务配套设施远不能满足居民需求,小区没有绿地,花木也极少。

90年代末,"福利分房"时代终结,中国的城镇住房完全走上了商品化道路。1990年代的住房加大了客厅、厨房、卫浴和阳台的面积,卧室之外的居住空间大大扩展。1998年全国城镇人均居住面积已达18平方米,幼儿园、理发店、饭店、商店、维修站等各项生活配套设施越来越齐全。在北京、上海、广州、深圳等大城市,开始出现花园式住宅小区,这些小区相对高端一些,小区的环境大大改善,绿地面积达到50%。

进入21世纪,中国改革开放的步伐进一步加快,人们的住房选择更加多元化,复式楼、联排别墅、独栋别墅、酒店式公寓等多种类型的房屋如雨后春笋在中国的各个城市拔地而起。在曾经住房极为紧张的上海市,2000年城镇居民人均住房建筑面积达到11.8平方米;至2017年年末,同一数据提高到36.7平方米,居民住宅成套率达97.3%,和改革初期的1979年相比,增长了8.5倍。

1989年,北京市首批职工购公房领房证,标志着北京市住房改革全面启动。(视觉中国)

随着老百姓生活水平的提高,人们对于住房品质的要求越来越高,追求宽敞明亮的同时,对住宅的生活空间、功能和建筑结构等有了更高的要求,也开始关注居住的整体环境和各种配套设施。住房宽敞舒适、环境幽雅的小区在全国很多城市不断涌现,居民经历了从平房搬进楼房,从小房换成大房,各种生活家用电器配备齐全,并且舍得花钱去精心装饰自己的家。在经济比较发达的地区,居民居住条件的改善更是令人惊讶,如广东顺德。进入21世纪以来,顺德发展异常迅速,城镇居民住房情况得到很大改善。2002年,顺德24%的城镇居民家庭拥有两套以上住房。2008年年底,顺德城镇居民人均住宅建筑面积达45.78平方米,接近高收入国家水平。

顺德发生的变化在中国许多其他城镇也可以见到。城镇居民的住房面积普遍获得大幅度增加,同时,自来水、供水、煤气等设施日益普及,特别是人们生活中的能源消耗,从过去的煤炭逐渐过渡到了石油、天然气,甚至太阳能和风能等。中国城镇居民能源消费结构在逐步升级,石油、天然气、太阳能等清洁高效能源在中国百姓生活的能源消耗中占据越来越重要的地位。

新中国成立70年来,中国城镇住房不仅摆脱了绝对短缺的状况,而且在整体品质上有了极大的提升。2018年,全国房地产开发投资12.03万亿元,其中住宅投资占到8.52万亿元,中国城镇居民的追求从"现代住宅小区"进一步提升到"现代生态小区"。生态小区与传统小区相比有明显不同,它更强调自然生态与生活小区融为一体,在生活小区里让人们体会到与大自然的亲密接触。生态小区包含了很多衡量指标,比如绿化

安徽淮南棚户区经过两年多的改造,变成一座美丽壮观、造型新颖的现代化小区。(人民图片)

指标和地面保水指标等，其中绿地面积须达到50%以上，人均公共绿地达到28平方米以上，地面80%以上裸露地都具有透水性能，此外还有节能指标、二氧化碳和废物减量指标等等。通过科技手段，生态小区实现了人工环境与自然环境的友好融合。

江苏苏州吴中区大运河畔的新居民楼。(视觉中国)

城市远景。(王勉励)

三

七十个冬与夏

"住这个小区4年多，给我们供暖的东城热力公司服务一直很到位，还经常派师傅到小区检查暖气供暖情况，遇到问题及时解决。"面对记者，家住河北省遵化县鹿港花园小区的居民希女士表示，她对遵化县东城热力公司的服务十分满意。河北省遵化县是中国华北地区一个非常普通的县城，这位希女士的话，说出了中国一般民众对冬季供热表示满意的心声。

供暖的方式多种多样，除了集中供暖，居民自备空调供暖也是比较普遍的选择。当然，空调在中国更多的是用于夏季消暑。过上冬暖夏凉的日子，是中国人民千百年来梦寐以求的愿望，这种愿望正在变成现实。

中国地处欧亚大陆的东部，属于季风气候带，大部分地区冬季寒冷，夏季炎热，千百年来，生活在这里的人民对严冬和酷暑"谈虎色变"。中国的极寒地区在内蒙古自治区的呼伦贝尔草原上，这里的根河市的极冷村，冬季平均气温在−30℃以下，而且曾经创下−58℃的记录。相对来说，中国华北地区还不算是最冷的。但即使在这个区域，例如在北京，当地人民对冬季寒冷造成的生活困苦也有着不堪回首的记忆。老北京曾有民谣："不怕三红，只怕一黑。""三红"是指深秋季节颜色变红的三种植物果实——沙果、秋海棠果和山里红，"一黑"指黑枣。"三红"在霜降之前成熟，此时不穿棉衣尚可度日；黑枣在霜降后成熟，

"一黑"之后,天气渐寒,穷人的日子就难熬了。从明、清两朝到新中国成立前,每年冬天都有冻饿而毙命者。在明代,皇帝会把取暖的木炭作为福利发给官员,底层官员每人每天分到可怜的半公斤。普通人家烧不起木炭,家境好一点的烧煤取暖,但为防止煤气中毒,夜间必须把煤炉搬到室外;贫穷的人家或有个火盆,找到一切可燃烧的东西勉强度日。明成化十二年(1476)冬,北京城内竟一日冻死170多人,甚至有参加祭祀活动的皇家仪仗人员和乐官被冻死的记载。在清代与取暖有关的记录中,即使贵如皇太后,她和整个后宫的上百人冬季要取暖,每天也只能领到60公斤炭,可谓捉襟见肘。普通人家的冬天是多么难熬,可想而知。

到了近代,中国人的冬天依然是艰难的。1948年冬,上海一场大雪后,《新民报》有一篇题为《人世冷到零度下,冻死骨今又满路》的文章报道:"寒流袭沪,户外温度在零度以下,路尸增多,今日上午普善山庄共收尸三十余具,其中有一具系残疾所收容之残疾者。又南市同仁辅元堂,今日上午亦收殓路毙男尸二具,孩尸七具。"在中国,位于长江口的上海市并不在中国寒冷之地的名单里,而且当时的上海就已经是中国经济最发达的地区,一日之内竟然会有这么多人冻死,在没有近代媒体的广大寒冷地区,究竟有多少蝼蚁草民死于严寒,没人知道。

衣不蔽体的姐姐带着两个幼童乞讨,大一点的那个在寒风中瑟瑟发抖。(乔治·沃尼斯特·莫理循)

较之严寒,酷暑更是猛如虎。一位法国传教士曾记录下1743年北京城及近郊几日内热死人的情况:当年的7月15日至25日,11天内竟有11400人死于炎热。其他有关炎热的记载,如乾隆年间山东《青城县志》载,"大旱千里,室内器具俱热,风炙树木向西南辄多死。六月间,自天津南武定府逃走者多,路人多热死";山西《浮山县志》记载,"夏五月大热,道路行人多有毙者,京师更甚,浮人在京贸易者亦有热毙者";同治年间

《续天津县志》记载,"五月苦热,土石皆焦,桅顶流金,人多热死";民国时期的《高邑县志》记载,"五月廿八至六月初六日薰热难当,墙壁重阴亦炎如火灼,日中铅锡销化,人多渴死",等等。中国人民对酷暑的记忆同样不堪回首。

新中国成立之初,中国政府对于老百姓寒冬取暖等社会民生问题特别重视,情况略有改善。但由于建国初期整个国家百废待兴,无论寒冬取暖或是酷暑纳凉,对中国政府和普通百姓来说都是一个不小的难题,其中较大的困难是财力不足。1949年新中国成立后,在北京、西安等几个少数冬季寒冷的北方城市里,国家机关、部分事业和国有企业单位的职工宿舍率先实现集中供热,采用的技术和方式都是仿照当时苏联的集中供热系统。在采暖季节,政府实行职工宿舍冬季取暖补贴制度,即在冬天给国家机关、事业和国有企业单位的职工发放一定的补贴专门用于取暖。这一政策深受群众的拥护,但大大加重了中央和地方的财政负担。陕西省是位于中国西北地区的一个重要省份,冬冷夏热,四季分明,陕西省的北部地区最冷的1月平均气温在$-10℃$——$-4℃$。1955年陕西省因为财政缺钱,一直拖到12月底才对西安等几个重要城市的省属和市属单位发放取暖补贴。从1956年起,中国政府开始对装有集中供热设备的机关宿舍和职工宿舍实行"定额收费"的取暖政策。以北京、天津这两个华北大城市为例,以户为单位,宿舍面积不超过100平方米者,每月每平方米收费1角,超过100平方米者每月每平方米收费1.2角,以减轻政府每年的财政负担。

那么,没有实现集中供热的北方城市如何在冬天取暖呢?在中国广大的西北、华北和东北地区,没有享受到集中供暖的普通百姓家庭几乎家家备有一个煤炉,将要入冬之际,每家都要购入一袋袋的煤炭块,堆在楼道或院落的空闲地方,一个煤炉可以兼具做饭、烧水、取暖等功能。但由于煤块儿比较脏,燃烧起来烟大味儿呛,而且炉火很难维持到第二天,每天需要重新生火,所以点煤炉子就成为一项重要的生活技能。为了能在繁忙的早晨有个帮手,家长通常会训练小孩儿掌握这项技能。

后来袋装散煤被蜂窝煤取代。这是一种取暖兼具做饭加热功能的型煤,由煤粉掺和一定比例的黄土和其他配料,由人工或机器压制成型,并在型煤上打有若干上下贯通的小孔,这些从外形上看呈蜂窝状的小孔能促使空气流动,从而有助于煤炭的充分燃烧,故名蜂窝煤。蜂窝煤没有太多浓烟,冬天夜里睡前换好蜂窝煤,封好炉子,蜂窝煤燃烧的速度较煤块儿慢很多,基本可以坚持到第二天一早,省去了每天重新生火的麻烦,着实方便不少。在改革开放之前的中国北方普通城市,居民的院落或楼道里除了每家每户冬天必备的大白菜外,就是占据半个小院落或挤满楼道的一排排蜂窝煤。

相较北方冬季的寒冷，在中国广大南方地区，冬天的气温比北方要高一些，所以南方地区尤其是长江以南没有装配集中供热设施。上海、合肥等个别南方城市，当地纺织工业发达，需要消耗大量的蒸汽，本地热电厂就将多余的工业蒸汽转化为居民供暖，但能够享用蒸汽供热的居民比例非常低。南方地区气候潮湿，冬天温度看似不低，但实际上南方的冬天又湿又冷。

跟众多城市冬天的取暖条件相比，在新中国成立后的一个时期里，中国北方广大的农村地区冬天抵御寒冷的条件可以说是异常艰苦，无论是单个农村家庭还是农村公共区域，冬季取暖都是一件难事。农民们不管屋内还是屋外，在家还是外出办事，都是从头武装到脚，穿着厚厚的棉袄棉裤，行动非常不便。为抵御严寒，农民们用尽各种简易的办法。在今天的农村地区，农民的房屋都安装有玻璃门窗，既便于采光又有增加室温的作用。可在改革开放前的农村，玻璃门窗很少见，一般农村人家都是用废旧报纸或塑料布钉在窗户上防风，每年冬天到来之前，农民们都要重贴报纸或用塑料布重钉一次。报纸和塑料布多少可以挡风，但透明度太差，如果屋内不开灯，光线会非常暗，冬天刮风时窗户不断发出响声，寒风从窗户缝隙里吹进屋内，农村屋内滴水成冰是常见的。在室内，烤火盆是一种传统的经济实用的取暖工具，

1960年代，北京的煤球厂有蜂窝煤，也有散煤出售。（视觉中国）

20世纪90年代，烧蜂窝煤取暖的时代，三轮车工人运载蜂窝煤通过天安门广场。（视觉中国）

1995年,河南宜阳一位农民在自家院子里加工蜂窝煤。(视觉中国)

1988年,北京华山日杂商店,市民排队购买烟囱。(视觉中国)

农村几乎家家必备。天冷的时候往火盆里加上木头烧过的炭火和小煤块儿，一家人围着火盆烤火唠唠嗑，在烤火的同时往火盆里放上地瓜或土豆等，过上片刻屋内香味扑鼻，成为很多农村孩子寒冬里一抹温暖的记忆。

中国北方常见的另一种取暖设施是火炕，其外形是一个占满整个房间向阳面的一米左右高的台子，看上去与日本民居的榻榻米类似，而其取暖的原理则类似韩国的地暖。一座普通的农村民居通常为坐北朝南的一排三间或四间房屋，其中有两间是带有火炕的房间。进门那间为堂屋，两扇门的门后各有一三四尺见方的灶台，灶台上坐有一个大铁锅，与铁锅卜的灶膛连接的烟道穿过分隔房间的墙壁后，经过两边房间的火炕通向室外的烟囱，做饭时炉膛的余热为火炕加热使得热量在房间内散发。严寒天气里，屋里实在太冷坐不住的话，就早早地上炕，盖上棉被一会儿便不觉得冷了。可以说，那时农民们千方百计抵御寒冷，但冬天对于农村家庭来说仍然非常难挨。

改革开放以后，中国经济快速发展，人民生活水平日益提高，冬天取暖对中国普通家庭而言已不再是生活中的难事。20世纪80年代，集中供热逐渐从中国大城市向中小城市普及，城市集中供热面积迅速扩大。特别是进入90年代，城市建设的发展加快，城市集中供热面积几乎以每年6000万平方米的速度增加,在中国北方新建的城市住宅小区,集中供热系统几乎成了每家每户的标配。城市中那些没有实现集中供热的老旧小区,特别是家里有老人和孩子的住户,通常采用煤炉的升级版——"土暖气"取暖,其构造是在一个体积较大的煤炉上加装一个密闭的热水装置,在每个房间都通上与热水装置相连的热水管道,使屋里温度尽量保持恒温,这样跟市政集中供热相似,只是规模小了很多,因此被称为"土暖气"。土暖气炉兼具做饭加热和取暖双重功能,但缺点也很明显,温度不稳定,而且产生的煤灰和烟尘使

一名女童在温暖的土炕上玩耍。(视觉中国)

得居室很难保持清洁。如今，中国供热行业蓬勃发展，大型城市和二线城市基本实现80％以上的集中供热，大多数北方城市家庭冬天屋内温暖如春，现代化的新型住宅里供暖由普通暖气发展到地暖，节约了屋内空间，供暖效率更高。即使是在没有实现集中供热的农村地区，由于生活水平的不断提高，农村家庭改善居住条件可选择的余地也大了很多，土暖气、电暖器和冷暖空调可以结合使用。

安徽省滁州市城郊供电公司工人在对供暖小区地源热泵装置集中采暖设备进行检查维护，确保居民温暖过冬。（中新社）

山东青岛即墨区蓝村镇王演北村供热站工作人员在检查空气源热泵供热系统运行情况。
（中新社）

随着天气转冷,不少居民到南方"避霾""养肺""避寒",海南省三亚市已经成为冬季最火的国内游目的地。(视觉中国)

冬季,海南省三亚市天涯海角景区。(视觉中国)

在炎热的夏季，手摇扇子、电风扇、空调是人们的纳凉工具。从新中国成立到改革开放之前，电风扇是罕见的奢侈品，只有大城市的极少数家庭能够买得起、买得到，至于空调，绝大部分人闻所未闻，在这个时期，中国人普遍用手摇扇子驱除暑气。

扇子在中国用作引风祛暑已有几千年的历史，用竹、木、纸、飞禽翎毛等各种材料制作而成的千姿百态的折扇，不仅有祛暑的功能，而且扇面常有文人雅士的题诗绘画，成为中国传统文化的一部分。就实用而言，由蒲葵的叶子制作而成的蒲扇，因其质轻、价廉，是在中国应用最为普及的扇子，炎夏可用来扇风，得一份清凉。此外，无论城市还是农村，老百姓基本上是利用一切简便的方式来消暑降温。条件好些的城市人家，一般会购买或者取出之前储藏的冬天河里采集的冰块来降温。过去在北京，一些近水的地方如北海、护城河等区域，到了冬天人们就会去采冰，然后放到挖好的冰窖中贮存起来夏日备用。天热的时候屋内放个大瓦盆或木盆，放上几块冰块，可以享受短时间的清凉。条件差些的家庭就用井水或河水一遍遍冲刷地面降温，人们或坐在树荫下，或坐在屋后荫凉处，手摇各种扇子，邻居间聊着家常，等待太阳落山后的凉风，实在熬不住就去河里洗澡或者在水井和水池边用凉水冲全身，换得短暂的凉爽。

实行改革开放政策后，中国的日用家电工业快速发展起来，

旧时冬季,中国北方有从结冰的自然水体采冰窖藏以备夏季使用的职业。图为拉冰块者正在运输从河中采取的冰块。(视觉中国)

产品的性能越来越优良，价格越来越低廉。从20世纪80年代初开始，电风扇开始陆续进入寻常百姓家。城市住房面积相对狭窄，人们多选用可以移动的立式电扇；在农村地区，因为房间高大宽阔，农村家庭多选用固定在房顶大梁上的吊扇。电扇的普及，使得城乡居民夏季祛暑的条件有了很大的改善。

电扇只能增强自然风，如果遇到气温特别高或潮湿闷热的天气，电扇并不能满足人们降温的需求。从20世纪90年代末开始，曾经被视为高端奢侈品的空调大量走进普通百姓家。现在，空调已经成为中国众多家庭夏日消暑降温的首选。1991年，中国城镇家庭每百户空调拥有量仅为0.71台，2008年这一数据已经上升至100.28台；2008年中国农村家庭每百户空调拥有量为9.82台，2016年农村居民平均每百户空调拥有量上升为48台。空调已成为中国城镇和农村家庭的普及家电。

除了家庭，如今在几乎所有的公共场所，如车站、机场、购物商场、影剧院以及办公室、教室、会议室等场所，空调都是标准配置。在炎热的夏季，不论私人空间还是公共场所，人们随时可以享受一份惬意的清凉。

1992年5月,广东顺德一家电风扇厂正在生产电风扇。(视觉中国)

中国改革开放的40年,也是老百姓采暖和纳凉方式发展变化的40年。现在中国人的生活已由温饱型转向舒适型,人们开始追求更加高效、舒服、环保的居住方式。中国政府投入专项资金加快研发太阳能、核能等新能源,这是中国人从古老走向现代、用科技回归自然的趋势。

安徽淮南电力公司工人为"迎峰度夏"做准备。(视觉中国)

2013年8月,天津滨海新区,居住在临时移动板房内的建筑工人用上了消暑的空调。(视觉中国)

2018年6月,青岛地铁11号线空调候车室。(视觉中国)

2019年6月,上海街头的外装空调。(视觉中国)

2015年7月,江苏省南京市持续高温,各大书店成了市民们纳凉的好去处。(视觉中国)

四

从破屋烂舍到美丽乡村

全国人大代表王海燕的家乡位于中国西南地区的重庆市下辖的一个普通村庄——佛镇村。2016年3月，全国人民代表大会召开期间，王海燕对同行代表和媒体说道："如今有些村民春节回乡过年，有时连路都找不到了。不是因为杂草丛生，而是村子变化太大。""我们村不到1000户人，方圆也就几公里，你猜村里有多长的水泥路？14.7公里！退回去六七年，村里全是'泥巴路'。但现在村民荷包鼓了，不少人都买了小轿车，过年过节一回家，车子直接停到了家门口。当年外出务工的村民回来过春节时，都深有感触地说，'家乡变化太大，回家有时连路都找不到了'。"

农村这种翻天覆地的变化不止发生在中国西南地区。在中国的任何一个农村地区，比如以首都北京为中心向北、向南、向西驱车五百公里，在这些属于华北的区域里，如果你在过去的某个时段，特别是在中国实行改革开放之前和之后两个时间段到访过这些区域，你会看到中国农村地区的住房焕然一新。建国70年来，中国农村的居住条件发生了巨大变化，农民居住的房子越来越好，从建筑用料到功能设计都有了明显提升，家家户户喝上了干净安全的自来水，村间道路变得非常整洁，村容村貌得到了极大改善，到处是充满生机、风景秀丽的田园风光。

中国地域辽阔，不同地区的农村民居在建筑材料和格局等方面差别较大，但曾经大多有一个相同点，即就地取材，因陋就简。新中国成立前，在北方地区，砖墙瓦顶是富裕的大户人家的标志，绝大多数农村居民居住的是简易的茅草房。这种房屋在建筑上以石块做基础，房屋拐角处和门窗边缘砌以青砖，墙体的主要部分用泥土夯实，房顶用木材做梁，木梁之间搭以细木檩条，其上覆盖麦秸或茅草。房屋前面多是用泥土夯筑围墙的一个小院落，条件稍好一点的人家会盖有简易的厢房。这种泥坯茅草房特别怕水。房屋的墙体尤其是底部的墙根遇水浸泡会脱落；屋顶的麦秸秆经过夏季反复的雨打日晒和秋冬季雨雪的浸泡，常常发霉沤烂，难以应付来年的雨水，所以等到麦收时节之后，夏季雨季到来之前，农民们需要以新的麦秸秆重新覆盖一层。在中国的南方地区，则更多地使用木材和竹子搭建房屋，也是因陋就简。

农村民居不仅简陋，而且十分狭小。北方农村的民居通常是坐北朝南的40至60平方米的长方形空间，并排着三个或四个房间，中间部分是堂屋，两侧是两间或三间居室，供七八口或人口更多的一家三代居住。这种民居在房间功能的划分上也十分简单。堂屋通常是做饭和就餐的场所。堂屋砌有方形灶台，灶台上置有一口直径一米左右的大铁锅，所有的烹饪作业都在这口大锅里进行。灶台侧面或置有一架木质风箱，用手推拉风箱杆推动风箱体内一个类似活塞的装置挤压空气为炉火助燃。因此，烹饪作

1983年,云南省昆明市石林村。(视觉中国)

20世纪80年代贵州黔西县乡村民居土房。(视觉中国)

充满着回忆的老民居。(王勉励)

业通常是两人配合，一人掌勺，一人负责推拉风箱并不时向灶膛内添加可燃物。电力和煤气等人们今天常用的能源，对当时的农民来说是闻所未闻的，煤炭也是很少有人家能用得起。农家的燃料通常是农作物秸秆、孩子们捡拾的树叶和木柴等。因此，农家的院落里通常堆积有很大的草垛和捡拾来的其他可燃物。这种取自庄稼地里的可燃物并不够农家烧饭和取暖用，因此有时不得不吃冷饭，冬季里常常不得不忍受寒冷的煎熬。受到风向等因素的影响，植物秸秆在炉灶中燃烧所产生的浓烟并不总是都能排出室外，长期的烟熏火燎，堂屋的墙壁和房顶通常是烟熏的黑色。

与灶台相连的寝室，通常建有用土坯垒成的火炕，这是一种为适应寒冷气候而发明的取暖睡卧设施。"南人习床，北人尚炕。"中国北方冬季漫长，气候寒冷，农民在冬天大多靠火炕取暖。堂屋灶台铁锅下的灶膛有烟道通过房间的分隔墙，烟道经过火炕通向室外，燃料在灶膛燃烧的余热随浓烟经过火炕时会为火炕加热，以达到取暖的效果。这种很有中国北方特点的取暖方式往往会使得国外观察者感到好奇。著名美国作家埃德加·斯诺1936年到陕北进行采访，在后来出版的《西行漫记》一书中对火炕专门做了说明：火炕是"中国房屋中土垒的平台，一头有灶，下面有迷宫一样的弯弯曲曲的烟道，可以把土炕烧暖"。斯诺还记下了他去陕北途中在农家土炕上过夜的感受："那天晚上，我在洛川一间肮脏的茅屋里的土炕上过了一夜,隔壁屋里关着猪和毛驴,我自己屋里则有老鼠,闹腾得大家都睡不了多少觉。"不知斯诺是否粘上过虱子和跳蚤。当时的农村完全谈不到卫生条件,农民们不能经常洗澡,也没有几件换洗的衣服,尤其是北方的冬天,一般农民身上都会生虱子和跳蚤。

斯诺在农家过夜的经历,是中国农民千百年来的生活常态。他没有提到如厕的问题是怎样解决的,但这完全可以想象出来。农家的厕所比简陋的房屋更简陋,它可能只是在院落里用土坯墙圈出的一个角落,或者是用树枝秸秆等做成的一个围挡。不管用什么材料做四周的遮蔽物,总之是以茅草做顶,故厕所又称"茅房",上厕所俗称"上茅房"。在地上挖个坑,或用砖石砌一下算是便池,便池因茅房而被称为"茅坑"。自来水是当时的农民从未听说过的,茅坑也就从来没有冲洗一说,任其臭味在院落中弥漫。院子里还可能散养着鸡鸭鹅等家禽,或许还有一两只羊和其他牲畜,这些家禽和牲畜都是随地排便,院落里的气味可想而知。

不良的气味还在其次,更严重的是,人畜的粪便随雨水流入街巷的明沟,渗入水井,流入河道和农田,脏水里的病菌在适宜的条件下大量繁殖,在蚊蝇横行的夏天,极易导致疾病传播。农村整体环境的脏乱差,加之农民家庭贫困,有病得不到及时救治,患感染性疾病死亡率较高。在儿童群体中,蛔虫病的患病率高达70%以上；在很长的时期里，新生儿的传染病死亡率高达5%以上。

如果直接与被污染的水体接触，后果就更加可怕。例如血吸虫病，就是一种与粪便污染水体直接接触而流行的传染病，它曾是江南水乡农民挥之不去的梦魇。美国传教士葛学溥在20世纪初叶任教沪江大学时，发起过中国大学里最早的社会调查。他在1925年出版了一本题为《华南的乡村生活——广东凤凰村的家族主义社会学研究》的书，对一个叫作凤凰村的乡村（今天的广东潮州归湖镇溪口村）生活做了全面考察。在书中，他记述了溪水日常被粪便污染的情形："农民们每天都从便池舀起液体粪便，穿过村落挑到田间，给农作物施肥；并且人们在同一条凤凰溪打水和涮马桶。"农民们在水中插秧、捕鱼、捞水草、洗澡，或是赤脚走在乡间田埂上，血吸虫的幼虫很容易通过人的皮肤进入人体造成感染，以至于"男不长，女不生，骨如柴，人变形，体无力，腹水盈"，发展到肝脾肿大和功能衰竭，最终造成死亡。

通过改善人居环境使中国农民摆脱血吸虫病的侵害，这是新中国成立以后的故事。20世纪50年代初，全国疫区多达12个省区，1200万人染病，潜在的受威胁人口达一亿多，其中湖南省血吸虫疫区人口感染率最高达80%，最低的乡村也在20%以上。1955年冬，毛泽东主席发出"我们一定要消灭血吸虫病"

的号召，中央政府专门成立了血吸虫病防治领导小组，提出了限期消灭血吸虫病的要求，将原定15年消灭血吸虫病的计划改为7年。政府的努力很快取得了成效。在血吸虫病流行严重的江西省余江县，仅用两年时间就打赢了血吸虫病歼灭战。1958年6月30日，《人民日报》刊登了题为《第一面红旗——记江西余江县基本消灭血吸虫病的经过》的通讯，毛泽东主席读后兴奋异常，彻夜未眠，欣然命笔写下了《送瘟神》两首旧体诗以颂此事。

旧中国的政府对于农民，只是征税和征兵，根本不向农民提供任何公共服务。对于乡村建设，政府没有任何规划，也不提供任何协助。乡村的街巷不过是农民自发建房留下的通道，路面是晴天满街土，雨天一街泥；街巷的一侧或两侧是散发着臭气的污水沟；乡村的绿化、美化、照明等，半饥半饱的农民们没听说过，也无从想象。

新中国成立时，中国的乡村就是这样一副破败不堪的样子。但在新中国成立后的一段时期里，中国国力比较有限，国家集中各种资源致力于工业化，对乡村建设投资较少，与城市相比，农村居住需求主要靠农民的自给自足，因而条件更差一些。在1978年实行改革开放政策之前，农民们住房紧张，空间十分有限，农村人口的快速增长又使这种紧张雪上加霜。1949年中国有农村人口约4.47亿，1969年增加至约6.38亿，1978年达到了约7.9亿，到1995年时高达8.95亿，农村人口在36年间增加一倍。人口大量增加，农村宅基地的供给和农民的建房资金远远跟不上住房需求，很多家庭中儿子们成婚后还与父母住在一起，家庭规模不断增加，居住非常拥挤，人们缺乏独立的生活空间，家庭成员之间矛盾与摩擦不断。

当时一穷二白的新中国还没有财力用于改善农村的人居环境，但拥有巨大的政治制度优势进行社会动员以改善乡村卫生状况。现代的观念认为，在影响人的健康状况的诸多因素中，生活方式和环境因素起着决定性作用。新中国成立后不久便掀起爱国卫生运动并产生了良好的社会效果，恰与这一观念不谋而合。

爱国卫生运动缘于应对朝鲜战争期间美国政府在中朝边境地区发动的细菌战。1952年2月29日，美军飞机在中国安东、抚顺等地播撒带有病毒细菌的昆虫。为了粉碎美军的细菌战，当年3月14日政务院成立中央防疫委员会，领导全国各地的灭蝇、灭蚊、灭蚤、灭鼠以及杀灭其他病媒昆虫的工作，开展爱国卫生运动。1957年，中央政府正式组建爱国卫生运动委员会，国务院总理周恩来亲自担任委员会主任，各级地方爱国卫生运动委员会也都由各级政府主要负责人担任主任。这个肇始于1952年的机构一直延续至今并仍然发挥着巨大的作用。

爱国卫生运动贯彻"预防为主"的方针。在农村，政府组

1958年,在湖南界首农村,像这样清洁的公共厕所已到处可见。(视觉中国)

织农民通过"三改"(改猪圈、改水井、改厕所)和"四灭"(灭鼠、灭蝇、灭蚊、灭臭虫)工作,消除疫病源和阻断传播渠道;建立县、公社(乡镇)、村庄三级卫生防疫网,一有疫情立刻上报,政府有关部门和卫生防疫系统马上启动应对机制;组织宣传队到每家每户宣讲卫生防疫知识,动员农民养成开窗户、晒衣被、大扫除的良好习惯,等等。这些措施,有效地弥补了国家财力和医疗技术力量的不足,取得了以很低的投入达到高健康效率的结果。

即便在1966到1976年的动荡年代,周恩来总理主持的爱国卫生运动委员会仍然坚持工作,他多次指示各级政府的爱国卫生运动委员会组织卫生防疫人员深入乡村进行卫生知识宣传。这个时期的卫生防疫工作被概括为"两管、五改",即管水、管粪,改水井、改厕所、改畜圈、改炉灶、改造环境。这些措施使得农村的环境卫生不断取得改进,流行疫病对农民的侵害日益减少,受到农民群众的欢迎。

20世纪70年代末80年代初中国实行改革开放政策,在农村,终结了人民公社体制,实行家庭联产承包责任制的新政策。新政策的核心内容是:在农民的农业收成中,上缴国家和留给集体的部分有一个确定的数额,这个数额之外的全部归属农民。新政策极大地调动了农民的生产积极性,短短几年间农村经济得到快速发展。在那个年代，比如，在春夏之交来到山东菏泽地区的乡村，在村头晒太阳的老人见到像干部模样的人，可能会热情地主动上前打招呼："同志，你是上级派来了解政府的农村政策的吧，来，我给你讲讲。"他会指着不远处绿油油的麦田说：今年的新麦子快要收割了，我家里去年的麦子还在粮仓里存着一粒没动呢！现在吃的是前年收获的小麦。他说话的时候脸上的喜气是发自内心的。要知道，在实行农村新政策之前，这个地区的农民每年分到的小麦大概也就二十公斤左右。以前做梦也想着"让手里的黑面馍变成白面馍"，想不到几年间就变成现实！

　　解决了温饱问题，农村住房的改善成为自然而然的事情。那时你走进中国的乡村，处处可见农民盖新房的场景。中国农村千百年来的土坯茅草屋渐渐消失了，被越来越多的砖瓦房所代替。砖石结构的墙体坚固性强，且防水防潮，雨季里不用担心墙角被浸泡垮塌；屋顶披上结实美观的红瓦，再也不用担心屋顶被雨雪浸泡漏水，被狂风吹跑。室内的改变不是很大，当时还没有任何装修意识或者条件，屋顶的大梁和檩条整体裸露着，没有吊顶，屋内墙是原始的墙面，或者用白色的石灰对墙面做最简单的粉饰。

　　到20世纪90年代，三间大红砖瓦房是农村人家孩子结婚的

1998年,陕西陇县乡村农民盖房子。(视觉中国)

标配，犹如现在农村孩子结婚要去县城买套商品房一样。当时许多地区的农村流行平顶式屋顶的房子，平顶可以用来晒粮食，有的安装了简易的太阳能热水器。有条件的农民家庭开始学着城里人，在墙上和地面贴瓷砖，虽然质量一般，但总算告别了祖祖辈辈的泥土地面和墙面，干净美观了许多。

进入21世纪，随着中国经济的迅速发展，乡村建设日益得到国家的重视，农村以前所未有的速度向前发展。2005年中国共产党十六届五中全会通过的《十一五规划纲要建议》，提出要按照"生产发展、生活宽裕、乡风文明、村容整洁、管理民主"的要求推进新农村建设。农村民居的建材发生了显著的变化，钢筋混凝土建筑到处可见，不少农民住上了先人们从没有想过的小楼房，村民的居住条件进一步改善。

随着农村住房建材的升级换代，农民居住条件也明显提升。1978年中国农村人均住房面积仅为8.1平方米，30年后这个数字翻了两番，2008年农村人均住房面积达到32.4平方米，2018年达到了45.8平方米。父母与子女开始"分居"，各自有了属于自己的独立空间，而且房屋内部有了明确的功能划分——会客、就餐和睡眠有了各自的空间。类似小型别墅的农村楼房，大都经过了专业设计，屋顶可平可斜，高处或尖或圆，中西方元素合理搭配，体现了中国农村住房的时尚，并较好地照顾到居室空间布局与使用功能，兼顾采光性、安全性和实用性。

农村在变，随着中国经济的高速发展，中国政府的农村政策也在发生着变化，这种变化注定会在历史的橱窗里向世人展示一个既古老又新潮的乡村。在世纪之交的中国，悄悄地发生了一连串应该会被后世史学家描述为革命性的事件：2005年12月29日，第十届全国人民代表大会常务委员会第十九次会议通过决

山东烟台莱阳市濯村民居。（王勉励）

航拍安徽郎溪村道。受益于政府的村村通工程,高质量道路连通每家每户。(视觉中国)

山东青岛崂山的美丽乡村。(视觉中国)

重庆市涂市镇地灵村的人居环境得到极大改善,两个孩子骑着自行车在硬化好的道路上快乐游玩。(人民图片)

国家电网山南供电公司和安徽电力援藏帮扶工作人员在海拔5000多米的西藏山南市措美县乃西乡恰杂村,对10千伏供电设备进行检查。(视觉中国)

议,自2006年1月1日起废止《农业税条例》。取消农业税,标志着在中国延续2000多年的政府与农民、城市与乡村的关系,以及一百多年来工业与农业的关系发生了历史性的翻转——中国农民缴纳了2000多年的"皇粮国税"取消了!工业开始反哺农业,城市开始反哺乡村。

农业税的取消只是一个标志,事实上的转变此前已经开始了。从上个世纪末开始,中国政府在农村启动了一项大规模的普惠工程"村村通"——通公路、通电力、通生活和饮用水、通电话网、通有线电视网、通互联网等。工程规模有多大？想想看，全中国有村庄超过71万个，散布在东西距离超过5500公里，南北距离超过5000公里的广袤国土上，工程总投资超过10000亿人民币——人类有史以来何曾见过规模如此巨大的农村改造工程！

公路"村村通"：投资总额在2000亿元以上。截至2018年年底，全国农村公路总里程达到406万公里，通向每个村庄的道路使用水泥或沥青实现了路面硬化。其中，仅从2014年到2018年的五年间，全国新改建农村公路139.2万公里。

电力"村村通"：总投资3000亿元以上。2015年12月23日，随着青海果洛藏族自治州班玛县果芒村和玉树藏族自治州曲麻莱县长江村合闸通电，全国最后9614户3.98万农村无电人口用上了电。在"电力村村通"工程启动的1998年，中国电网已经覆盖中国80%的农村，没有通电的只有四川、甘肃、青海、新疆、西藏、广西、云南等省区的部分石漠山区、深山区、极端干旱区、高寒地区等偏远区域的乡村。在这些地区开展电力施工投入巨大，平均每户需政府投资1.33万元，其成本是一般乡村通电成本的10倍以上。为了中国每户村民都能用上电，各级政府也是不计成本地拼了。在地处深山的重庆中益乡，

航拍上海浦东新区新农村建设。(视觉中国)

电力工人奋战经月架设36根电杆专为光明村余家坝2户人家供电;山东30多名电力工人奋战50天,架线6公里,立杆100多根,只为了临沂市西红峪小山村的8户农家通电;在陕西蓝田县焦岱镇樊家村,供电公司为了一家低保户专门架设500米专线;在新疆克孜勒苏柯尔克孜自治州乌恰县乌鲁克恰提乡,为了给867户人家送上电,政府投入了6578万元资金,户均投资为7.59万元……

通自来水工程:总投资1000亿元以上。从工程启动的1998年到第一阶段结束的2010年,解决了5.59亿农村居民的饮水安全问题。到2019年年底,全国农村集中供水率达到86%,自来水普及率达到82%。

广播电视"村村通":总投资200亿元以上;工程期限:1998年—2010年。到2010年年底,20户以上已通电的自然村全部开通广播电视。

电话"村村通":总投资500亿元以上。目前,全国行政村通电话的比例达到99.2%。

网络"村村通":早在1996年,中国中央政府就专门召开全国农村经济信息工作会议,明确了农村信息化建设的方向。此后从2005年到2009年的5年间,政府每年都会出台支持农村信息化发展的政策。到2009年,农村网民规模达到1.0681亿,占全国网民的27.8%。2016年10月,中央政府又出台《网络扶贫行动计划》,加快组织实施网络扶贫行动,让农产品通过互联网走出乡村,走向城市,走向世界。在各级政府政策和投入的推动下,互联网在农村快速发展。2018年年底农村网民规模达2.22亿,10年间农村网民增加一倍多,互联网普及率为38.4%。2019年2月中央政府推出了"数字乡村"新政策。新政策要求:加快推进"互联网+农业"的新的农业生产方式的发展;全面推进信息进村入户;依托互联网推动政府提供的公共服务向农村延伸。

农民用上了电,才能享受家用电器带来的生活品质。为了促进农民的家电消费,从2008年2月到2013年1月的5年间,国家实行"家电下乡"的财政补贴政策:农村户籍居民购买彩电、冰箱、手机、洗衣机、摩托车、电脑、热水器、空调、电动自行车、电饭煲、抽油烟机、燃气灶、微波炉、电磁炉、电压力锅、DVD影碟机等家用电器,国家财政按产品售价给予13%的补贴。到2012年12月底,全国累计销售家电下乡产品2.98亿台,国家向农民提供了超过544亿元的补贴。

农民用上了自来水,才能普及冲水厕所。铺贴了瓷砖的地面和墙面、冲厕水箱、洗手盆、挂镜……这些在城市楼宇中才有的设施,已经成为不少农家卫生间的标配。山东淄博于2014年年底启动农村旱厕改造工程,历经3年努力,37.5万农户全部用上了干净卫生的厕所；在福建省霞浦县牙城镇凤门村，以往房前屋后全是臭水沟，现在屋舍干净整洁，空气清爽；在西安市长安区东升村，有记者注意到，厕改仅仅一年之后，曾经旱厕联排、臭气弥漫的主村道上，"温暖的阳光照耀着各家各户门前的小菜园，硕大饱满的西红柿和青翠的黄瓜挂在架上，空气中弥漫着淡淡的花草香气"；在四川丹棱县的幸福村，以前粪坑露天，苍蝇横飞，臭味弥漫，现在全村农民共470户，卫生厕所429户，卫生厕所普及率已达91.28%……

从20世纪90年代起，在中央政府的支持下，中国农村掀起了一场"厕所革命"，从2004年至2013年，中央政府累计投入了82.7亿元支持农村厕所改造。2015年4月，中国国家主席习近平专门就"厕所革命"做出批示，要求在城市公厕建设水平不断升级的同时，集中力量推行"农村厕改"。国家领导人对百姓日常生活细节的关注，体现了执政党服务人民的宗旨。在国家领导人的亲自推动下，省、市、县各级行政负责人在自己的辖区承担落实责任。2018年，在中央和各级政府的支持下，全国有1000多万农户完成了厕所改造。2019年，中央政府安排70亿元资金以支持农村厕所改造，工程期限为5年，超过1000万户农民受益。

中国人常说"安居乐业"。安居在前，乐业在后，对中国人

福建省尤溪县中仙乡龙门场的老式厕所。(视觉中国)

山东省邹平县明集镇许道口村村民刘尔招在家中清洁厕所。(视觉中国)

江苏省连云港市东海县安峰镇安北新型农村社区公共厕所。(视觉中国)

来说，房子既是代表着能力与社会地位的固定资产，更是带给家人和自己的一种坚实的安全感。房子是坚实的，它能为人们遮风挡雨；家是温暖的，它使人们漂泊的心有了可以停靠的港湾。无论是奢华气派的欧式别墅，还是青砖红瓦的普通民居，抑或是返璞归真的茅草屋舍，房子都因"爱"和"家"变得温暖。

　　看山望水，不忘乡愁，每个中国农村人心中总有一块情感的出发地和归属地，回首来时路，这是他们追逐梦想时的开始，也是他们实现梦想后的归宿。农村的大环境变好了，进城务工的

河北省邯郸市永年区将改善农村人居环境作为推动乡村振兴的重点，着力在街巷硬化、厕所改造、污水治理、村容村貌等方面下功夫。（视觉中国）

四川省广安市前锋区观塘镇八里村依托土地流转发展产业增收致富建起的农民新居,在秋阳的映照下显得格外美丽。(视觉中国)

农民们就更愿意返回农村住在自己家里，而不是长期留宿在城市。在农村，一些经济富裕的家庭开始追求更高的城市生活标准，除了给家里购置空调、洗衣机等现代化家电，还安装太阳能空气能二合一取暖系统，农村的一些家庭也能像城市家庭一样享受到集中供暖的温度，家里温暖如春，一家老小温馨过冬。在中国东部沿海的一些地区，农村居住条件和舒适度甚至超过了许多大城市，引得很多城市人纷至沓来，准备退休后在农村安度晚年。

新中国成立后，时光不经意间流过70年，从新中国成立前没有房子、人畜同居，到新中国成立之初的一家人甚至几代人共处一个破败不堪的屋檐下，再到今天空间相对独立、功能比较齐全的住房，中国一代代的农村人经历和见证了自家住房的数度变化和农村居住环境的变迁，铭刻出一代代农村人努力劳作、追求幸福的烙印，令人感慨万千。

如果你是这一过程的亲历者，那么你就是前人梦圆的化身和后世史家眼里的历史现场的见证人。这个故事是如此激动人心，因为这是占全人类人口的五分之一、全世界最大的一个民族整体摆脱贫困的故事。70年的新中国经历了从一穷二白到世界第二大经济体的变迁。改革开放的40年，特别是中国共产党第十八次全国代表大会确定了新的大政方针以来，中国乡村的脱贫步伐明显加快，减贫的规模每年都在1200万人以上。在现行联合国标准下,中国已经实现8.5亿人脱贫,其中农村脱贫人口占到7亿多。全球减贫的成就大部分来自中国——中国对全球减贫贡献率超过70%。"中国最贫困人口的脱贫规模举世瞩目,速度之快绝无仅有!"联合国开发计划署前署长海伦·克拉克由衷地赞叹。

2020年11月23日,贵州省宣布9个县退出贫困县序列,至此,全国832个贫困县全部脱贫摘帽,中国提前10年实现联合国2030年可持续发展议程的减贫目标,中华民族千百年来的绝对贫困问题已经得到历史性解决!

2017年11月,中国政府通过了《农村人居环境整治三年行动方案》。方案要求提升田、水、路、林的村风村貌,慎砍树、禁挖山、不填湖、少拆房,保护乡情美景;加大传统村落民居和历史文化名村名镇保护力度,弘扬传统农耕文化,注重保护,留住乡愁;促进人与自然和谐共生、村庄形态与自然环境相得益彰。三年来,中国政府通过加大政府预算资金投入,鼓励银行业增加农村环境整治所需贷款,强化各级地方政府的责任等措施,促进了目标的实现。当代中国的美丽乡村已经在向世界招手。

航拍如皋九华镇美丽的乡村风光。(视觉中国)

后 记

本丛书由教育部人文社科重点研究基地山东大学当代社会主义研究所牵头,联合山东大学人文社会科学青岛研究院组织编写。主要参编人员如下:山东大学当代社会主义研究所金淑霞、山东大学管理学院周琳、山东大学马克思主义学院常辉、中共山东省委党校(山东行政学院)公共管理教研部王非、山东社会科学院马克思主义研究中心赵彩燕、中国矿业大学马克思主义学院郭雷庆。

在选题策划、文本写作、配图插画等主要环节上,山东文艺出版社领导提出了宝贵的指导意见,第二编辑室主任冯晖女士和编辑房洪民先生为丛书的出版付出了不少心力;山东大学政治学与公共管理学院部分博士、硕士研究生参与了前期的资料搜集和整理工作。我们向所有为本丛书问世提供帮助的人表示感谢。

中国有许多好故事,但要讲好却绝非易事,而要讲全则根本不可能。我们在一路风景中定格了几个片段,试图以滴水折射阳光。我们的努力能否如愿,留待读者评判。

作者

2021年1月

图书在版编目（CIP）数据

这就是中国．住/常辉，金淑霞著．——济南：山东文艺出版社，2021.3
　ISBN 978-7-5329-6034-7

Ⅰ.①这… Ⅱ.①常… ②金… Ⅲ.①社会主义建设成就-中国 ②住宅建设-概况-中国 Ⅳ.①D619 ②F299.27

中国版本图书馆CIP数据核字(2020)第013456号

这就是中国·住

常辉　金淑霞　著

主管单位	山东出版传媒股份有限公司
出版发行	山东文艺出版社
社　　址	山东省济南市英雄山路189号
邮　　编	250002
网　　址	www.sdwypress.com

读者服务　0531-82098776（总编室）
　　　　　0531-82098775（市场营销部）
电子邮箱　sdwy@sdpress.com.cn

印　　刷	山东临沂新华印刷物流集团有限责任公司
开　　本	890毫米×1240毫米　1/32
印　　张	5
字　　数	84千
版　　次	2021年3月第1版
印　　次	2021年3月第1次印刷
书　　号	ISBN 978-7-5329-6034-7
定　　价	39.00元

版权专有，侵权必究。如有图书质量问题，请与出版社联系调换。